UMA CHANCE ao Amor

O NOSSO LUGAR NEM SEMPRE É AO LADO DE QUEM PRETENDÍAMOS CONSTRUIR UMA VIDA.

UMA CHANCE ao Amor

O NOSSO LUGAR NEM SEMPRE É AO LADO DE
QUEM PRETENDÍAMOS CONSTRUIR UMA VIDA.

DUDA RIEDEL

A todos os amores que um dia me ensinaram a importância de me amar

E a todas as mulheres que algum dia acreditaram que foram culpadas pelo seus relacionamentos abusivos.

Este livro é um verdadeiro e honesto desabafo.

Gabriela

Isso poderia ser uma história de amor, mas se tornou em um drama, como tudo na minha vida. Quando eu era mais nova, fui expulsa de aproximadamente sete colégios. Meus pais já estavam sem esperanças de que eu concluísse, ao menos, o Ensino Fundamental e imploraram para que me comportasse na nova escola. Então, transferiram-me para um colégio de freiras que só aceitava mulheres e foi aí que conheci a Bella, minha melhor amiga. Nós éramos unha e carne e nunca nos desgrudávamos.

Bella é áries com ascendente em escorpião, se você for leiga quando o assunto é astrologia te explico o que esse mapa astral quer dizer: caos. Ela era a personificação do capeta (*sinto muito pelas freiras do Imaculada Conceição*). Se eu já tinha sido expulsa de muitas escolas, Bella fora expulsa do dobro. Mas, quando completamos 16 anos tudo mudou. A chave virou e começamos a pensar no nosso futuro de verdade. Em um passe de mágica, passamos de piores alunas e terror da turma para as nerds que queriam ser ricas e conquistar o mundo. Essa era a meta.

Você pode se perguntar o que duas alunas de um colégio de freiras da ilha norte da Nova Zelândia iriam conseguir fazer para obter sucesso. Mas, eu nunca soube o que gostaria de fazer, eram tantas opções. E, confesso que acho o sistema de ensino no mínimo tóxico. Como uma adolescente que tenta falsificar carteira de identidade para comprar cerveja no posto pode saber o que quer fazer para o *resto de sua vida*? Eu não sabia nem o que eu queria fazer no dia seguinte quando acordasse. ~~Poupe-me~~.

Já Bella sempre quis estudar design de moda. Ela se vestia para matar. Uma simples ida a sorveteria do bairro era como se tivesse saído de algum episódio de *Gossip Girl* ou *Sex in The City*. Causava-me certa inveja, não por ela ser a mais bonita e arrumada do grupo, mas por saber exatamente o que queria da vida, diferente de mim, que me sentia muito perdida nesse aspecto. Meu pai era comerciante e minha mãe funcionária pública. Eu não tinha muito um exemplo de carreira ambiciosa e que me causasse orgulho para seguir. Ainda mais quando se morava em New Plymouth, que tinha cerca de 70 mil habitantes e era uma cidade comum. Nós vivíamos com o básico.

A família da minha amiga era riquíssima. O pai de Bella morreu quando ela era bebê e sua mãe acabou casando-se com um senhor de 80 anos milionário. Ele era dono de um dos maiores times de rugby do país. Rugby para a Nova Zelândia é tal qual Futebol para o Brasil. A maior fonte de renda esportiva que existia.

O velho bateu as botas no segundo ano de casado e deixou a herança toda para a Tia Anna, que vivia pleníssima fazendo suas boas aplicações em fundos de investimento e garantindo artigos de luxo.

Portanto, Bella poderia ter a profissão dos sonhos de qualquer pessoa e sem o mínimo esforço, exercendo a função de herdeira. Mas ela gostava muito de ter sua independência e era admirável. Então, a moda era a sua válvula de escape e a deixava mais "comum" e sem tantos privilégios, pelo menos para as outras pessoas. Bella começou a customizar algumas roupas para vender no colégio e me convidou para cuidar da parte administrativa. O negócio começou a dar tão certo que estudantes de outros colégios iam para o portão da igreja comprar. Até que uma das irmãs descobriu e levamos detenção, óbvio.

Uma semana em casa, *aimeudeus*, uma semana sem fazer nada em casa de detenção. O melhor dos mundos. Mas não foi tão divertido assim, meus pais quase infartaram com medo de eu não conseguir me formar no Ensino Médio e me colocaram de castigo. Sem computador, sem internet, sem televisão e sem vida social. Que bela folga, não é mesmo?

Precisei cuidar da minha avó todos os dias. Ela tinha Alzheimer e esquecia de tomar os remédios. Tudo ia bem, sem maiores problemas. O alarme tocava 5 vezes ao dia e no meu tempo livre eu aproveitava para ler algum livro que tinha na estante. Até que minha avó caiu dentro do banheiro e abriu a cabeça. Era sangue por toda parte. Como se não bastasse o mar vermelho do box do chuveiro, John, meu irmão mais novo, desmaiou quando viu.

— Ótimo, agora eu tenho dois pacientes para tratar. — Revirei os olhos e fui procurar alguns curativos, ignorando meu irmão estatelado no chão. — Vovó, consegue se levantar?

— Filha, o que é isso no chão? Esse menino se machucou? — O Alzheimer dela já estava no nível 3, poucas vezes ela lembrava quem nós éramos.

— Esse é o John, vó, seu neto caçula. — Segurei seu braço e comecei a limpar sua sobrancelha. — Você machucou o rosto, mas vou cuidar disso. Espero que não sangre mais até chegarmos no pronto socorro.

— E o menininho vai ficar ai deitado?

— Errr... — Eu devia acordar John, mas sabia que ele faria mais drama que o necessário. — Está na hora da soneca dele, vamos.

Chegando no hospital, minha avó levou apenas três pontos. Inclusive, recebi até um elogio do médico devido a minha desenvoltura porque, graças aos meus primeiros socorros, minha avó tinha escapado de uma provável infecção.

Eu estava feliz por minha avó estar bem, mas foi naquele exato momento que tive um insight que mudaria o rumo da minha vida. Foi como enxergar uma luz no fim do túnel. Eu gostava de cuidar das pessoas. Era isso. Eu queria cursar Medicina, só não sabia se meus pais iam gostar da possibilidade de eu fazer um dos cursos com a mensalidade mais cara da faculdade.

— Medicina? De onde você tirou isso, Gabriela? — papai perguntou, perplexo, e quase se queimou com a chaleira.

— Pai, você sempre disse que queria ver eu me formando e seguindo uma profissão que desse futuro — retruquei com todo meu poder de persuasão. — Não existe no mundo algo que tenha mais futuro do que ser médica.

— E não existe algo no mundo mais caro que uma Faculdade de Medicina — ele rebateu mais uma vez.

— Mas, se é isso que você quer, filha... — Minha mãe interrompeu a conversa e segurou a mão de meu pai. — Nós vamos dar um jeito. Você pode conseguir uma bolsa ou ir para uma faculdade pública.

E sete anos depois, estava cursando Medicina na Lincoln, uma faculdade particular, com uma bolsa de 85%, já que entrei em 3º lugar. Já estava no sétimo período e pretendia fazer Residência em Pediatria. Virei o orgulho dos meus pais e aluna de honra da escola de freiras. Para quem era o terror do colégio, transformei-me em um verdadeiro milagre. O mundo, de fato, dá voltas. E o meu deu tantas voltas que algumas coisas se perderam no caminho. Como, por exemplo, minha amizade com a Bella, que infelizmente foi por água abaixo por culpa minha. Mas, já fazia alguns anos. Dois anos, para ser precisa.

Eu não conseguia me lembrar quando nossa relação começou a dar errado, mas sabia que tinha sido por conta de uma das coisas que mais poderia abalar uma amizade entre duas meninas: homens. Os maiores causadores de tretas, precisava admitir.

Não me orgulhava de ter brigado com minha melhor amiga por um cara, e por mim nós já teríamos voltado a nos falar. Mas, Bella era muito orgulhosa e, por isso, era quase impossível fazer com que as coisas voltassem a ser como antes. Já eu era do tipo evoluída espiritualmente e que com uma simples conversa, deixava o passado no lugar dele. Porém, uma das condições para que voltássemos a nos falar era eu terminar com o Peter. E, para ser sincera, não estava em pauta.

Antes que você se questione, eu não era o tipo de amiga talarica ou fura olho. Bella nunca beijou ou teve algo com o Peter. Na realidade, ela tinha verdadeiro pavor a ele e eles nunca tiveram nada além de cumprimentos em eventos em comum. E foi por isso que nossa amizade acabou.

Bella achava Peter machista, sexista, negacionista e todos os *istas* que você pudesse imaginar. Eu preferia acreditar que ele tivera uma criação diferente e fazia apenas umas piadas sem noção. Peter estava longe de ser um cara abusivo ou coisa do tipo. Eu jamais conseguiria me relacionar com alguém assim.

Mas ele não foi o único homem que trouxera problemas em minha amizade com Bella. Na verdade, o maior dos transtornos foi meu irmão. Não, não estava falando daquele caído no chão do banheiro, o John, estava falando de Thomas Beck, meu melhor amigo, que considerava um irmão.

Thomas era o melhor amigo de Peter, meu namorado, e por tabela acabou virando o meu também. Ele estudava comigo e acabou acidentalmente me apresentando a Peter no primeiro semestre da faculdade. A princípio era para ser só uma ficada durante as *chopadas* do curso. Mas acabamos nos apaixonando. Quem não gostou nada foi o próprio Thomas. Ele ficou com medo de perder o melhor amigo para uma garota. Ou talvez o ciúme tenha sido por outro *motivo*.

Quando começamos a namorar achei que Thomas fosse fazer de tudo para acabar com o meu namoro e transformar a minha vida em um inferno só para trazer Peter de volta para a solteirice. Por isso, eu fui muito mais sagaz e pensei que talvez pudesse puxá-lo para o meu lado e, de quebra, amolecer aquele coraçãozinho.

Usei Bella como minha isca. Eles já se conheciam, mas não tão bem. E, honestamente, não tinha como ele não se apaixonar por ela. Bonita, *rica*, engraçada, gente boa e ainda torciam para o mesmo time de Rugby. Era garantia que ia dar certo. E, para melhorar, eu ainda teria um casal de amigos para fazermos viagens de *double date* juntos. Estaria tudo em casa, correto? *ERRADO!* Foi a pior coisa que eu fiz na vida.

Thomas era o cara mais cafajeste que conhecia, mas óbvio que só descobri aquilo depois, senão eu jamais o deixaria ficar com minha melhor amiga. E ele não era o tipo de embuste que fazia as coisas escondido ou tentava te iludir. Na verdade, ele era bem sincero, e por isso ele e Bella deram tão errado. Ele não queria nada sério e ela se apaixonou. Resultado? Uma amiga minha com ódio de mim e sofrendo por um cara que eu sabia que não valia a pena.

Eu não poderia fazer nada. Nem xingar o Thomas, porque ele nunca mentiu para ninguém. Ele estava sendo apenas ele mesmo e querendo curtir a vida. Eu que deveria ter imaginado que um cara de 22 anos que nunca teve uma relação que durou mais do que um final de semana iria namorar. Foi desesperador! Bella queria que eu me afastasse dele. Mas como eu iria me afastar do melhor amigo do meu namorado? Por isso ela parou de sair com a gente e foi se distanciando.

Já Thomas Beck continuou causando. E como seria diferente? Jovem, bonito, cabelo castanho escuro, olho mel e com um físico de dar inveja em qualquer um. Além do mais, ele estudava Medicina, o que levantava sua moral em mais 50%, já que a maioria das mulheres amava um cara de jaleco. Apesar dos pesares e de ter ficado muito *puta* por ele ter dado um pé na minha melhor amiga, Thomas era o tipo de pessoa que te cativava. Não dava para ficar com raiva dele por mais que 15 minutos. Por isso, para evitar que a gente brigasse novamente, criei uma lista de regras em nossa amizade. E uma delas, a segunda mais importante de todas: NÃO FICAR COM NENHUMA AMIGA MINHA.

Minha amizade com Bella arruinou-se, mas, em troca, ganhei um melhor amigo, dupla em exercícios da faculdade e aliado que sempre me defendia nas brigas com Peter.

— Fala sério, cara, você jura que acha legal fazer essa viagem sem a Gabi? — Thomas perguntou a Peter no telefone depois de combinarmos que, se ele conseguisse convencer meu namorado de não viajar, eu faria três dias de resumo da aula de Hematologia para ele. — Eu só acho que você tem uma namorada.... — ele sussurrava para mim — Uma semana de resumos.

— Uma semana nada, só por três dias — respondi ainda mais baixo. — Nada dis... — Ele não conseguiu completar a frase. — Eu só acho que você tem uma namorada incrível e passa pouco tempo com ela. Fica viajando para esses jogos de faculdade e beleza, você gosta disso, mas a gente estuda Medicina e é o último ano antes do internato. Você deveria aproveitar mais o tempo ao lado dela. — Thomas era incrível dando conselhos, nem parecia que eu estava o chantageando. — Ok, entendi. Beleza. Tchau.

— E aí, o que ele disse? — perguntei, empolgada

— Pode começar a apontar seus lápis e escrever meus resumos. Peter vai ficar aqui.

Nossa amizade era incrível e me orgulhava daquilo. Mas ela só dava certo por ele cumprir a regra número dois e por nós dois cumprirmos a regra número um. A primeira, por incrível que pareça, não foi criada por nenhum de nós dois. Ela foi criada por Peter, mas acatamos, pois era muito justa.

REGRA #1

NUNCA PODERÍAMOS FICAR. MESMO SE ALGUM
DIA GABI E PETER TERMINASSEM.

As pessoas falavam que não existia amizade entre homem e mulher e eu concordava em partes, mas a melhor maneira de fazer a relação funcionar, era não enxergando a outra parte como algo carnal e sim como um irmão. Era o que Thomas significava para mim. Era mais fácil eu dar um fora no Harry Styles que sentir algum tipo de atração por Thomas. Não só por ter um carinho fraternal gigantesco e jamais cogitar a possibilidade de sentir algo, mas porque tinha amor pela minha vida e sabia que Peter nos mataria se acontecesse alguma coisa entre nós.

Thomas

TER MEUS MELHORES AMIGOS COMO UM CASAL DE NAMORAdos era ótimo em 99% do tempo, mas era terrível naquele 1% que eles brigavam e eu precisava tomar partido e defender um dos lados. Na maioria das vezes, protegia a Gabi. Não que eu gostasse mais dela do que do Peter, pelo contrário. Ele era meu *bro* e éramos amigos desde o jardim de infância, mas justamente por isso. Eu o conhecia bem e sabia que o cara pisava na bola com frequência, então precisava falar umas verdades. Ele pouco ligava, no máximo rolava um estresse momentâneo, mas não durava nada.

Não existia no mundo algo mais forte e poderoso do que a amizade entre dois caras. Você não via amigos brigando com frequência, era coisa de mulher. A gente se xingava, falava coisas horríveis e meia hora depois, sentávamos em um boteco para dividir um litrão de cerveja. Não brigávamos por qualquer besteira.

Como o caso da Bella e da Gabi. Brigaram porque a Isabella se achava o centro do mundo e não aceitava que a amiga poderia ter outros amigos que não concordariam com ela sempre. Eu, sinceramente, não sabia como aguentaram ser amigas por tanto tempo. Isabella era metida, gostava de aparecer e achava que sabia mais do que todo mundo. Já a Gabriela era a pessoa mais doce, carinhosa e cautelosa que conhecia.

Quando Peter começou a sair com ela eu fiquei irritado por possivelmente perder meu parceiro para uma mulher. E, para falar a verdade, também que achei uma sacanagem porque eu tinha uma *leve* queda por ela. Nós tínhamos apenas 18 anos. Eu fiquei inseguro, precisava admitir. Estávamos no auge das festinhas e pegando todas. Mas logo a

Gabi me conquistou e percebi que Peter nunca deveria deixá-la escapar. E, além disso, ela tinha muitas amigas gatas que me consolariam pela falta do meu melhor amigo e por ter tido o olho furado pelo meu *brother*. A Gabi logo me aproximou da amiga mais gata de todas. Sim, não vou ser hipócrita. Isabella era muito bonita, mas não fazia meu tipo. No início foi um caos, depois era divertido. Por fim, virou um caos outra vez, pois a gente não dava certo e não concordávamos em nada. Mas em uma coisa Bella e eu concordávamos. E não era sobre o fracasso do *pseudonamoro* que tivemos, era sobre Peter e Gabi.

Era amigo dos dois, mas não conseguia amar os dois juntos. Peter era um cara muito bacana, como amigo, mas como namorado deixava a desejar. Ele era insuportável quando se tratava de relacionamentos amorosos e a Gabriela não conseguia enxergar porque estava apaixonada.

O cara era meu melhor amigo então tinha propriedade para dizer, ele não merecia alguém como a Gabi e eu não sabia como ela ainda não tinha dado um pé na bunda dele. Já vi o Peter fazer muita sacanagem e já acobertei muita coisa dele, mas não mais. Desde que eu e a Gabi começamos a estudar na mesma turma da faculdade e nos aproximamos, passava mais tempo com ela do que com ele. Por isso não conseguiria mais forçar um cinismo se descobrisse que ele fez algo. Por essas e outras nossa amizade já deu umas balançadas e ele preferia não me contar mais seus erros, *mesmo eu sabendo que ele ainda cometia muitos*.

Não era tão radical quanto a Isabella de achar o Peter um monstro abusivo com traços psicopatas, já convivi com um e sabia como era. Mas Peter também não merecia o prêmio de namorado do ano. Talvez a Isabella que merecesse o troféu de feminista militante. Ela estava certa em tentar fazer o namoro dos dois acabar, em não gostar dele e em querer se distanciar da Gabi por não suporta o namorado dela. Mas ela não estava certa em uma coisa: ninguém nunca devia obrigar alguém a aceitar ajuda. Infelizmente, as pessoas precisam abrir os olhos sozinhas.

Fato é, sempre achei esse namoro um erro. Mas aquele erro já se estendia há mais de quatro anos. Se você perguntasse para Gabriela como ela se enxergava daqui cinco anos, ela iria te dizer o mesmo que me disse semana passada:

— Entrando na igreja com meu vestido de noiva no modelo sereia e decotado nas costas para valorizar meus ombros — respondeu sorridente, mostrando-me alguns outros modelos.

— Eu não sou seu *amigay* que sabe o que é vestido sereia. — Apontei o dedo para uma das centenas de fotos que ela me mostrava.

— Qual foi? Você acha que não tem chances dele me pedir em noivado na nossa futura viagem de cinco anos de namoro?

— QUE? — Hesitei. — Cinco anos? Já?

— Sim, daqui 9 meses — ela respondeu com bastante precisão. — Mas acho que ele está me esperando formar.

— Claro que está, Gabi — tento responder em um tom doce para não decepcioná-la. — Se vocês se casassem agora iriam viver de fotossíntese. Peter não tem dinheiro para sobreviver por um mês.

Aquilo era verdade. O cara sempre foi um perdido na vida. Já tentou três cursos de faculdades diferentes, mas não se dedicava a nenhuma. Embora ter alguma responsabilidade não deveria ser um problema para ele, já que seus pais possuem três lojas de conveniência e bastaria ele tomar conta de uma. Mas não dava para confiar no Peter para fazer nada a não ser jogar bola. Nisso ele realmente era bom, só que estávamos na Nova Zelândia. Se ele fosse jogador de Rugby seria milionário, mas futebol? A última vez que a NZ competiu em uma copa do mundo foi em 2010. E ele também gostava de beber, ou seja, jogar profissionalmente era impossível. O que restava era se conformar com alguns campeonatos nos finais de semana e tocar a vida adiante. Pena eu sempre tive da Gabi, que iria trabalhar para sustentá-lo e bancar suas gracinhas.

Eu não era o tipo de cara babaca que achava que só o homem poderia trabalhar, ou que ele devia sustentar a mulher, nem nada do tipo. Veja só Hannah, minha mãe. Sempre sustentou minha irmã e eu sem a mínima contribuição do cretino do meu pai. Ele era um babaca que não via há alguns anos e nos largou depois de ter traído minha mãe. Mas sabia também que não era a melhor pessoa para falar sobre feminismo ou machismo. Acreditava em direitos iguais e que com certeza a Gabriela seria a pessoa que iria sustentar a casa e o problema jamais seria esse. O real problema na história inteira era que nenhuma mulher merecia acreditar nas falsas promessas de um menino fantasiado de homem.

O Peter gostava dela e beleza, mas ele estava nessa relação muito mais pelo que a Gabi oferecia a ele. E quando ele queria algo a mais, buscava fora do relacionamento. E ela? Prontamente, sempre perdoou. Já foi assim em algumas traições e o erro foi ela ter perdoado a primeira.

O grande lance da traição era que não tinha problema nenhum você desculpar a pessoa, todo mundo merecia uma segunda chance, mas você teria sérios problemas se o traidor se sentisse confortável em fazer de novo. Eu não era expert em relacionamentos, mas de uma coisa eu entendia: as pessoas eram previsíveis. Homens eram mais previsíveis ainda. Se a gente percebesse que iríamos conseguir manejar a situação uma vez, outras seriam mais fáceis ainda.

Homens não traíam, meninos, sim. E, claro, existiam meninos de 40 anos em corpos de homem. O cara que colocou o espermatozoide para que eu nascesse fez isso. Recusava-me a chamá-lo de pai. Ele nos abandonou ainda pequenos e minha mãe teve que lidar com o terror de ser mãe solteira naquela época.

Quando um homem traía a mulher que ele amava — e fatalmente poderia acontecer — ele não ficaria mal pela raiva que ela poderia sentir e acabaria com tudo. Ele ficaria mal, pois saberia que tinha grande chance perdê-la para sempre. Além do caráter, era o que faz um homem apaixonado nunca trair a mulher que ele amava, ele não cogitaria a possibilidade de viver sem ela. Afinal, viver sem ela também significaria sofrer. E homens detestavam sofrer.

E por que estou tentando desvendar o enigma por trás das traições? Não virei nenhum mediador de programas de relacionamento da Netflix ou coisa do tipo. Balancei a cabeça, na tentativa de afastar os pensamentos e ouvi o som da voz da minha melhor amiga:

— Ei, ele tem se dado bem em administração! — Fez beicinho e eu detesto quando ela faz essa cara. — Ele realmente está focado na faculdade, tem ido para a biblioteca toda quarta a noite estudar.

Gabriela estava linda hoje, apesar de ter perdido um pouco do brilho nos últimos meses. Os cabelos cacheados abaixo do ombro e os olhos cor mel eram a combinação perfeita. Porém seu sorriso já foi muito mais vívido. Naquele aspecto não culpava apenas Peter por ter apagado sua luz. A faculdade já fazia por nós. Entre uma aula e outra sobrava tempo para conversar na lanchonete da Lincoln University e tentar dar conselhos que nunca seriam seguidos.

— Olha, não quero parecer o estudante de Medicina chato que desdenha de outros cursos. — Tá bom, soaria um pouco assim...

— Ah, lá vem você. — Ela deu de ombros e andou em direção à cantina.

— O problema não é o curso, Gabi. — Tentei reverter sabendo que não ia adiantar. — Seu irmão mais novo faz administração, já tem um negócio na internet e está dois semestres a frente do Peter. O problema é que ele não sabe o que quer. Falta aula, reprova as matérias e não procura um estágio. Só pensa em beber, sair e jogar bola.

— E ele é ótimo jogando bola. — Ela pegou um canudo de papel e enfiou no suco verde. — Só precisa de sorte.

— Não, o que ele precisa é dar valor ao que de fato importa.

— E o que de fato importa? — ela perguntou sem ao menos fazer ideia da resposta.

— Você — falei, desviando o rosto para que ela não notasse a vermelhidão das minhas bochechas.

— Ah, que fofo, Tho! — Ela me abraçou firme. — Quando você quer, você é fofo. Deveria ser assim com as meninas que você fica.

— Não, essa eu guardo para pessoas especiais, tipo minha melhor amiga que agora vai fazer todo o resumo da aula de hematologia. — Dou uma mordida no sanduiche e saio andando.

— Ei! Volta aqui… — Ela reagiu, mas já era tarde demais.

Saí rindo de sua expressão brava.

Às vezes, sentia como se não tivesse superado meu *crush* em Gabriela. Parecia que quando estávamos apenas nós dois, acabava rendendo-me por completo ao seu olhar. Talvez — só talvez — fosse apenas carência. Fazia tempo que não tinha um relacionamento. Era apenas sexo e acabou. Ou talvez fosse só decepção. Por saber que eu seria muito melhor para ela do que ele.

Por mais que a Gabi visse futuro no Peter e acreditasse em seu potencial, eu sabia que ela estava apenas se enganando para não sofrer, pois já não sabia mais como era viver sem ele. A relação também estava cômoda para ela.

Viver um namoro por comodismo era o mesmo que morar em uma casa com goteiras. Você poderia sempre colocar um balde para não molhar o chão, mas uma hora seria necessário ajeitar o telhado. Não dava para viver daquele jeito para sempre.

Se ela realmente acreditasse que ele era bom como jogador de futebol, ela iria incentivá-lo e não se importaria de vê-lo viajar todo final de semana para um campeonato diferente. Porque ela saberia que, uma hora, valeria a pena. Afinal, se quer tanto se casar com ele, ele precisa arranjar um emprego. Mas ela fazia dengo e implorava para ele ficar, não porque sentia saudades ou queria ter um sexo escandaloso em casa aos sábados e domingos. Ela pedia para que eu o convencesse a não viajar para jogar futebol porque:

Ela desconfiava que ele também batia penalty fora de campo;

Ela não tinha o que fazer no final de semana além de ficar com ele e estudar.

Relações não funcionavam se a base do namoro fosse a desconfiança. Você poderia tentar colar os cacos, mas sempre veria as marcas que eles deixaram. A Gabriela se enganava sempre achando que superou as traições e jurando que o Peter mudou, mas estava apenas tentando se convencer do contrário também.

Eu, como melhor amigo dos dois, fiquei traumatizado com tudo e tentava não manifestar torcida sobre nada. Porém, internamente, eu sonhava com o dia que eles iriam libertar um ao outro.

O trauma que o namoro deles criou não foi apenas na nossa amizade, mas também nos meus relacionamentos. A Gabi ficou brava quando eu disse que eles são os culpados por eu não querer namorar. Mas acreditem, eles me meteram tanto no namoro deles, pedindo minha opinião, desabafando e coisa e tal, que eu me sentia parte da relação. Aquilo só não se tornou um *poliamor* porque, francamente, eu não conseguiria beijar nenhum dos dois. Talvez apenas um. *Brincadeira.*

Namorada de amigo meu para mim era homem. Era o mantra que sempre repeti na minha cabeça. Mas Gabriela ia além de parecer que tinha um pau entre as pernas. Ela era um cristal que merecia ser feliz. Eu já tentei de todas as formas fazer o Peter entender e ele até entendia, mas não a valorizava. Na verdade, achava que nem ela mesma tinha noção do próprio valor, e era o que encrencava. **Se você, mulher, aceita migalhas em um namoro, prefira ficar com um pombo. Vai te dar menos dor de cabeça.**

Eu nunca destratei ninguém com quem me relacionei e, ok, não estava fazendo nada além da minha obrigação. Mas já vi muita *mina* se humilhar para querer estar comigo. Quando, na realidade, eu era quem deveria implorar para tê-las em minha vida. O mal das mulheres era não perceberem que eram muito melhores sem a gente, no dia que elas entendessem, a *macharada* se daria mal.

Já vi garotas se lamentarem achando que não eram especiais, mas só porque elas não tinham consciência do próprio valor. Uma mulher que percebia seu valor, e que não aceitava qualquer coisa, conseguiria conquistar o homem que quisesse. E não significa pegar todos e não ter um pingo de critério, o intuito é alertar e lembrar que você deve se dar o devido valor antes de esperar que te valorizem. Talvez fosse o erro da Jéssica, uma garota da nossa turma que, por acaso, acabou de se aproximar quando me viu sentado dentro da sala do MedCurso:

— E então, Beck, quem é a da vez? — Ela deu um riso de desdém.

— Qual foi? — Guardei o celular. — Estava só mandando uma mensagem para uma amiga.

— Inacreditável! São oito da manhã de um sábado e você já está marcando dois encontros — Gabriela olhou fixamente para o meu rosto. — Você tem algum tipo de mel ou pau de ouro? — Elas começaram a gargalhar sem fim.

— Eu até ofereceria pra você experimentar e tirar suas próprias conclusões, linda. Mas acho que eu perderia uma costela — devolvi.

— Eu poderia experimentar, Beck — Jéssica falou, brincando, e lanço um olhar de pânico imaginando a possibilidade de ficar com ela de novo. — Só que estou afim de outra pessoa — ela concluiu, para minha tranquilidade.

Uma mulher segura sempre causava dúvidas. E quando a mulher entendia o poder era xeque-mate para você, meu amigo. Porque ela não precisava de você, mas queria estar contigo porque você acrescentava. A mulher segura não tinha tempo para joguinhos, então ela caía fora quando notava que estava sendo tratada como Playstation. Ela iria exigir de você e não porque ela queria que fosse um príncipe, mas porque não queria ninguém atrapalhando seu próprio reinado. A mulher segura causava medo porque ela estava sempre cheia de si. Mas poucas eram as mulheres que transbordavam de amor-próprio.

Em teoria, namorar era algo tentador, mas não funcionava para mim. Nunca encontrei alguém que valesse a pena e que me fizesse querer ficar. Minha mãe iria adorar que eu namorasse e iria agradecer a mulher que conseguisse me segurar. Na realidade, Doutora Hannah iria amar se eu namorasse a Gabi. Mas isso estava fora de cogitação. Almoçamos juntos todo sábado lá em casa após a aula e aquele é o papo de sempre, Gabi até já se acostumou e não levava tão a sério. Na verdade, ela se aproveitava que minha mãe fazia questão de mimá-la. Com certeza, se dependesse da sogra, eu levaria mais pontos que o Peter. *Sem ofensas.*

— Gabi, você quer mais um pouco de lasanha? — ela perguntou, já a servindo.

— Obrigada Hannah, está uma delícia.

— Esses dias encontrei a Bella no shopping com a mãe dela, vocês pararam mesmo de se falar?

— Mãe, a Gabi não gosta desse assunto — protestei, tentando mudar de assunto.

— Não, tudo bem Thomas. Infelizmente não estamos mais tão próximas, mas pelo menos agora ela voltou a me chamar para o aniversário dela. Inclusive, é mês que vem. — Ela esticou a mão e pegou o refrigerante diet, servindo-se.

— Eu sempre achei engraçado como os casais não tinham nada a ver... — Arregalei os olhos quase que implorando para que ela não fale o que sei que ela vai dizer, mas era em vão, ela fingiu que não entendeu minhas entrelinhas. — Digo, você e o Thomas formariam um casal ótimo. Já Peter e Bella combinariam mais. Vocês deviam trocar, sairiam todos felizes. Isso é tão moderno hoje. — Gabi se engasgou com o refrigerante e eu rapidamente dei um tapinha em suas costas.

— Mãe, seria mais fácil eu voltar a namorar a Isabella do que ela beijar o Peter ou eu beijar a Gabriela.

As duas me olharam por um segundo, com as expressões totalmente diferentes uma da outra. Hannah incrédula, era óbvio que ela não acreditava nessa história. E Gabi, por outro lado, parecia achar graça. Então, minha mãe se sentiu no direito de dizer:

— Nunca diga nunca, querido.

viver um namoro

POR COMODISMO era o mesmo que morar em uma casa com goteiras. Você poderia sempre colocar um balde para não molhar o chão, mas uma hora seria NECESSÁRIO ajeitar o telhado. NÃO DAVA para viver daquele jeito *para sempre*

Duda Riedel

Gabriela

NUNCA DIGA NUNCA, MESMO. SEMPRE PENSEI QUE JAMAIS IRIA namorar Peter. Mas aqui estou. E longe de mim ter um namoro perfeito, nem existia. Tinha sim alguns problemas com ele e, talvez, o maior de todos fosse sua família. Namoramos há mais de quatro anos e não conseguia me sentir "parte" do todo, sabe? Até com a família do Thomas eu me sentia mais em casa. Todo sábado, depois do MEDcurso, almoçávamos lá e era como se eu fosse comer strogonoff com Coca-Cola na casa da sogra. A sensação era de ser acolhida, amada e querida. Já na casa do Peter, era diferente, não sabia se um dia mudaria.

Tudo bem, a família dele era mais calada do que a de Thomas e são ligeiramente mais fechados. Para uma pisciana, como eu, era assustador, porque sempre criava teorias da conspiração e sempre achava que as pessoas não gostavam de mim. Mas, com alguns bons anos de terapia e convivência diária, percebi que faz parte da personalidade deles e não há nada que eu pudesse fazer para mudar. Já aceitei que o problema não sou eu e que eles tratavam todos com aquele jeito meio blasé de ser.

Aos 23 anos, você não namorava com uma pessoa por brincadeirinha. Na verdade, ninguém deveria namorar por zoeira nunca, nem por carência. Mas, fato era, que quando se passava da adolescência, os namoros acabavam se tornando mais sérios e você pensava em planos futuros, como o casamento.

Porém, era um problemão. Imagina não gostar da família do namorado? Como seria o futuro? Era impossível imaginar ter um casamento saudável e detestar a sogra. Você não iria se relacionar apenas com seu marido, levaria de brinde a família inteira, amada. E eu ficava pensando: *céus, imagina passar todos os natais da minha vida ao lado da Senhora Liz?* A mulher era toda cheia de frescura e não fazia questão nenhuma de ser simpática. Apesar de amar Peter, eu tinha dificuldade em nos ver casados e, também, não era só pela família dele.

Pois bem, eu não tinha dificuldade em me ver casando, pelo contrário, já sabia inclusive quem seria o fornecedor do bolo do meu casamento e um *croqui* de como seria meu vestido de noiva. Mas eu não conseguia imaginar uma vida a dois. Não conseguia imaginar uma vida a dois com meu namorado.

Ele era desorganizado, não baixava a tampa do vazo e vivia como um garoto de 16 anos cheio de hormônios. Pode parecer coisa boba e padrão de qualquer homem dessa idade (*ou, quem sabe, de todos*), mas precisava admitir que me irritava profundamente.

Eu ainda era jovem. Porém, sentia-me uma idosa presa no corpo de uma jovem de vinte e três anos. Aprontei tanto quando era mais nova, que tinha a sensação de ter estourado a cota. Quando ia para as baladas, já começava a procurar um lugar para me sentar , conferia a cada 5 minutos se o *Uber* saiu do preço dinâmico para vazar sem ninguém perceber e acordava no dia seguinte cheia de dor no joelho, sem conseguir me movimentar. Dentro de mim, habitava uma senhora de 80 anos que amava estar em casa tomando seu bom café com bolo de laranja.

Peter já era o oposto. Ele adorava sair, beber e se divertir. Além disso, ele não tinha muito limite. Ele é conhecido pelos amigos como fênix. Ele sempre ressurgia das cinzas, com um novo programa mesmo que fosse 4:40 da manhã e não tivesse mais nada para fazer além de dormir. O famoso "inimigo do fim".

Sempre acreditei que isso seria uma fase, mas percebi que já se passaram alguns anos e a fase de festeiro sem fim estava se estendendo mais do que o esperado. Era um dos desencantamentos que me faziam pensar em terminar. Além, claro, dele ser uma pessoa que não se preocupava com o que faria quando caísse na realidade de que se tornara um adulto.

Peguei o laptop e abri uma pasta com nossas fotos. Encarei alguns segundos aquela selfie da nossa viagem para a praia ano retrasado. Era para ser uma viagem incrível e se tornou a pior de todas. Foi quando descobri a primeira traição. Um amargor veio em minha boca e me lembrei exatamente como eu me senti no dia: Suja. Passamos um mês separados até que não aguentei. Meu quarto parecia uma floricultura com tantos buquês que ele enviou. Fui vencida pelo cansaço, pelo seu incrível poder de me convencer de que foi apenas um deslize. E também porque o amava.

Amava o Peter e tudo o que construímos juntos. Amava, mais ainda, o que ele me proporcionava. Namoros, com o tempo, viram parte da sua rotina. Terminar um namoro que já virou hábito era difícil, pois era complicado mudar um padrão com o qual já havia se acostumado.

Eu não conseguia me imaginar solteira. Dava-me preguiça só de pensar em ter que sair, conhecer uma pessoa nova, flertar, para daí beijar e só depois começar a namorar de novo... Cansava-me só de pensar. Se eu ficasse solteira hoje, definitivamente poderia deletar o número do fornecedor de bolo e jogar o croqui do meu vestido de noiva no lixo, pois ficarei para titia.

Uma das únicas amigas que me restou foi a Jéssica. Ela nunca namorou, mas tinha uma vida amorosa movimentada. Jéssica já beijou a sala inteira. Talvez a faculdade inteira. Nunca sabia quando ela estava ficando sério ou apenas se divertindo. E, embora ela fosse extremamente feliz e bem resolvida, eu sempre escutava seus dilemas amorosos e sentia pena por ela mesma.

Sua vida girava em torno de ir para as festas e procurar a próxima vítima. Ela falava aquilo o tempo inteiro. Inclusive no momento, enquanto aprendemos a entubar um boneco vivo, ela resolveu conversar sobre seu cronograma festivo.

— Quer ir em uma festa esse final de semana? Leva Peter, tenho dois convites. É na casa do Freddy, ele voltou para a faculdade. — Meus pensamentos foram interrompidos pela voz animada de Jess. — Pode ser que ache meu grande amor lá.

— Impossível. — Dei um gemido de cansaço. — Essa semana tem aniversário do pai dele. E, honestamente, não tenho mais paciência para essas festas da faculdade, prefiro ficar em casa de conchinha e tomando um vinho.

Ninguém aguentava viver muito tempo nesse universo de solteira guerreira introduzida em um campo de batalha. Sempre que Jéssica saía, era na esperança de conhecer alguém que ficasse por inteiro e não apenas por uma noitada. E, adivinha? Não acontecia. Sem contar que também tinha o Thomas como melhor amigo, então sabia como eram os homens héteros, sabia que eles não valiam nada. Mas, apesar de todos os contras pelo mundo solteiro (*lê-se futuramente encalhada*), eu andava pensando muito em terminar meu relacionamento.

— Eu posso ser sincera? — disse Jéssica, sem esperar minha resposta para continuar. — Eu sinto como se você estivesse namorando ainda por obrigação.

— Oi? — sussurrei e a segurei pelo braço, puxando-a para mais perto de mim. — Fala baixo, o Thomas não pode escutar e ele é melhor amigo do Peter.

Estávamos na aula de emergência e nos revezávamos para fazer a passagem de entubação no boneco de silicone.

— Já ouvi! — ele falou, aproximando-se. — Gabi, eu sou amigo dos dois e não sou burro. — Homens, sempre escutando o que era conveniente. — Não acho que seja obrigação, Jess. Ninguém está colocando uma arma na cabeça da Gabi para ela continuar nessa.

Levantei a cabeça e conferi se o professor estava vendo nosso bate-papo sobre minha vida amorosa ao invés de continuar o exercício.

— Concretamente não estão mesmo, mas, no sentido figurado, estão sim. — Thomas olhou perplexo para Jéssica sem entender do que ela estava falando. — A última vez que você tentou acabar com o Peter, ele não te deu um pingo de liberdade e ficou te vigiando sempre. Ele até ligou para sua mãe para saber onde você estava. Você não teve como seguir sua vida porque ele ficou atazanando sua cabeça.

— Você não me contou nada disso, Gabi — Thomas respondeu.

Silêncio absoluto.

— Já faz tempo, foi há dois anos. Naquela vez que ele... — Tentei buscar palavras para não ter que dizer em voz alta.

— Te traiu com a líder de torcida? — Ele semicerrou os olhos, tentando lembrar.

— Xiuuuu! — Exclamei. —Não precisamos relembrar disso dessa forma. Mas, sim, foi quando ele me traiu com ela. Eu terminei e ele ficou indo para todos os lugares que eu ia, sem querer me deixar em paz.

— Isso foi bizarro — disse Jéssica. — Eu teria pedido uma medida protetiva.

— Não é pra tanto, Jess. — Abaixei-me e comecei a massagem novamente, contando até 10.

— É sim, você só não nota. E você, Thomas... — Ela apontou o dedo na cara dele. — Tem culpa nisso também.

— Eu? — Ele protestou no mesmo instante. — O que tenho a ver com esse namoro doentio?

— Se você passa pano para o alecrim dourado do seu amigo, você se torna conivente. Não adianta fingir que luta pelas mulheres, repostar frase feminista no *Instagram* e no dia a dia você não fazer nada.

— Mas eu falo pra Gabi que ele não é bom pra ela, não falo Gabi? — Ele me cutucou nas costas e eu assenti com a cabeça.

— Mas não adianta falar só pra ela. Ela é vítima. O abusador que precisa parar. Você, como amigo, deveria primeiro avisar para ele parar de ser tão estúpido e deixar a Gabriela em paz e depois se afastar dele, porque o cara é uma péssima companhia.

— Ele não faz nada comigo, ué! É meu amigo... — Ele se esquivou e deu de ombros.

— Mas faz com sua melhor amiga e você permite. Você soube que ele puxou ela pelo bra...

— CHEGA! — Dou um mini grito. — O Peter não é abusador e você está falando exatamente como a Isabella. Ele errou muito e eu sei disso, mas ele tem mudado. Eu é que não estou mais tão feliz com nosso relacionamento, tem esfriado muito.

— Então aproveita esse polo norte no namoro pra tomar coragem de seguir em frente. — Consegui notar o gosto azedo no tom de voz de Jéssica.

A sirene tocou e dei graças a Deus que pudemos encerrar a conversa.

Era oficial, eu precisava acabar o namoro. Sabia disso. Meus amigos sabiam disso. Até o Peter sabia disso, mas me faltava coragem. E mais do que isso, faltava-me disposição porque eu sabia muito bem como era quando a gente discutia. Ele não me deixava em paz.

Aproveitei que no final de semana ele ficaria em casa para tentar botar um ponto final na relação. Mais do que nunca, já deu de reticências. Eu precisava ser firme e não mudar de ideia. Mesmo que ele viesse com aquele discurso pronto de que iria mudar. Mesmo sabendo que sofreria muito com o fim, eu sabia que eu já estava sofrendo muito mais daquele jeito. **Era sempre melhor ter uma certeza dolorosa, do que uma incerteza angustiante.**

se você, mulher ACEITA MIGALHAS em um namoro, prefira ficar com um pombo. Vai te dar MENOS dor de cabeça.

Duda Riedel

Thomas

APESAR DA GABRIELA SER MINHA MELHOR AMIGA E TER LIBERdade para conversar comigo sobre tudo, eu sabia que ela me escondia muita coisa. E eu sabia que o Peter também. Todo mundo escondia um pouco de si. Ninguém era um livro aberto por completo. Às vezes tentávamos enganar até nós mesmos, quem dirá os outros. E muitas vezes nem era por mal, era por vergonha.

Que o Peter não era o namorado mais incrível do mundo já não era mais novidade. Na realidade, ele nunca foi. Mas não sabia que ele perseguia a Gabi. Ela nunca falou disso comigo e ele muito menos. Só que, pensando bem, faz sentido todas as vezes que ele me pediu fotos para saber como ela estava ou quando perguntava se ela estava comigo. Sempre achei que fosse coisa de casal bobo apaixonado, que gosta de ficar com carinhos melosos, mas agora percebi que ele só estava rondando para saber qual roupa ela usava e com quem ela estava. É mais doentio do que eu imaginava.

Eu já achava as três traições (*que eu sabia, pelo menos*) um ótimo motivo para a Gabriela dar um tremendo pé na bunda dele. Também considerava o fato dele ser um zé ninguém, que não faz nada da vida além de beber e matar aula, outro ponto importante para que ela desistisse daquele projeto de namoro. No entanto, quando soube que o canalha a perseguiu, fez abuso psicológico para que ela não conseguisse terminar o namoro e — possivelmente — a machucou, já foi longe demais.

Confesso que estava um pouco assustado em sequer pensar nas palavras abuso e perseguição na mesma frase em que Peter e meu amigo.

Jéssica estava certa, não tem como ser amigo de um cara que fazia mal a uma mulher. E, todas as vezes que nós homens fechamos os olhos para um amigo machista, estamos sendo cúmplices do padrão. Isso não poderia mais continuar.

Liguei meu carro e fui em direção a casa de Peter, para tentar conversar com ele e entender que raios estava acontecendo. Porém, antes, preferi falar com uma pessoa que entende muito bem do tema: Isabella. Com certeza ela estranharia o fato de eu estar indo à sua casa no meio da tarde de uma quarta-feira. Mas, dane-se. Eu precisava entender melhor aquela história e livrar a Gabriela do nó cego em que ela se enfiou.

Mudei a rota e o GPS ficou perdido. Mais perdido que ele, só eu, tentando entender o que estava acontecendo. Apertei o pé no acelerador e em menos de 5 minutos já tinha cruzado a cidade para chegar no condomínio da Isabella. Senti uma urgência para libertar minha melhor amiga daquela situação.

Bella atendeu a porta de pijama. Até com roupa de dormir a mulher era bonita. Meu pau ficou duro no mesmo instante. O cabelo impecável, sem nenhum fio fora do lugar e as maçãs do rosto coradas de vergonha ao perceber que era eu. Poderia elogiá-la e aproveitar que ela parecia estar sozinha em casa para matar a saudade. Mas o foco era outro. Antes que ela fechasse a porta na minha cara, comecei a falar:

— O Peter é um abusador e preciso da sua ajuda — falei, de supetão, e ela me olhou em choque, mas logo se recompôs.

— E você percebeu isso 20 anos depois? — debochou. — Vocês são amigos a bastante tempo…

— Eu sei e não quero eximir minha culpa dessa situação — expliquei e ela me deixou entrar. — Mas quero fazer algo para ajudar a Gabriela. Ela não merece sofrer.

Entrei na casa que já reconhecia bem, afinal, estive aqui algumas vezes, especificamente na cama de Isabella.

— Você ainda não superou isso, não é? — Fiquei sem entender e ela continuou. — Você é apaixonado por ela.

— Oi? — De onde ela tirou isso? — Estou aqui para pedir sua ajuda para ajudar a sua amiga de infância a se livrar de um relacionamento tóxico, não estou pedindo para que você me arranje ela.

— Mas você só percebeu que a Gabriela está em um relacionamento assim porque a ama e não aguenta mais vê-la sofrer. Se não fosse por isso, você até escolheria a cor do pano pra passar para o seu amiguinho. Pois você jamais perceberia. Pode ser inconsciente, mas é verdade.

— Ok, não estou querendo uma aula de introdução ao feminismo e como não ser um machista associado ao patriarcado. — Ela poderia me expulsar por isso. — Mas, eu preciso ajudar a Gabriela — finalizo.

— Um relacionamento abusivo é como um túnel. Você não enxerga o fim, mesmo que ele já esteja próximo. É difícil sair disso, pois você já está contaminada demais com tudo que viveu.

Passei aproximadamente duas horas na casa da Bella. Ela me contou coisas que eu jamais imaginava e falou de outras que eu já sabia, mas nunca tinha estranhado. A realidade era que muitas vezes nós fechávamos os olhos para coisas horríveis que nossos amigos faziam, e não porque não víamos, mas sim porque estávamos acostumados

Nunca deveria ser algo normal um cara comprometido ficar de papos quentes com outras meninas, ou até mesmo mandando fotos sensuais delas em um grupo com outros homens. Como todo mundo costumava repetir: a pessoa estava namorando, ela não está estava morta. Mas o mínimo de respeito seria bom, né?

Mas esses eram de longe os menores defeitos do Peter. Eu fiquei sabendo coisas muito piores, como, por exemplo, que ele obrigava a Gabi a mostrar seu histórico do *whatsapp* e que ele pediu para ela apagar as fotos de biquíni da época que eles deram um tempo. E, por fim, o que mais me impressionou: Quando eles terminaram, ele a perseguiu e invadiu a garagem dela, supondo que ela estava tendo um encontro com outra pessoa.

Como se não bastasse essa quantidade de absurdos, o cara ainda a traía. E aí, veio-me o questionamento: se ele era tão mal caráter de traí-la, por que ainda ficava cobrando certas atitudes dela? Com qual intuito? Por que ele a forçava a estar com ele se ele próprio mostrava não querer estar com ela?

E, por fim, eu entendi tudo. O problema do Peter não era apenas ser um completo babaca, ele também a usava. Ele sabia o quanto a Gabi era incrível e era exatamente o tipo de mulher perfeita para ser mãe dos filhos dele. A Gabriela não bebia, era extremamente inteligente, não gostava de ir para as noitadas dançar, bastante educada e certamente não transou com muitos caras... Ela era a boneca perfeita e um troféu maravilhoso para ele apresentar a sociedade. E então ele tinha o melhor dos dois mundos, em casa uma namorada perfeita que correspondia às suas razões pessoais. E na rua, várias mulheres livres e incríveis que correspondiam às suas satisfações carnais.

Já a Gabi estava infectada com a ilusão de que aquele namoro tinha futuro. Ela era refém de um relacionamento que a prendia e que, infelizmente, acreditava que era tudo o que ela tinha. Ela sabia que não seria tão fácil terminar, principalmente porque estava na mão dele. Aos poucos as histórias foram se conectando em minha cabeça. Passei a entender ainda mais o motivo da Gabi se afastar da Bella, tudo bem que ela era bem chata, mas, na realidade, aos poucos ela foi se afastando de todas as amigas. No final das contas, não sobrou ninguém. Chegou ao ápice de seus aniversários serem apenas com os amigos do Peter, pois ela convivia mais com eles do que com o próprio círculo de amizades.

Durante um tempo achei aquilo incrível. Quem me dera ter uma namorada que se desse tão bem com meus amigos. Mas não era sobre isso, era sobre ela não ter mais nada além do que o Peter a oferecia. Ela já tinha perdido tudo, por isso era tão difícil sair daquela situação, afinal, quando ela terminasse saberia que não tinha para onde ir. Ela estava enroscada naquela relação tenebrosa.

No caminho, voltando para casa, senti-me cúmplice daquilo. Como eu nunca havia percebido o que estava acontecendo? Como eu nunca notei que tudo era extremamente tóxico? Eu até falava vez ou outra que achava aquela relação findada ao fracasso, mas eu nunca me sentei para conversar sobre, até porque eu sou da cultura de *"em briga de marido e mulher, ninguém mete a colher"*. Porém, havia enfim entendido algo muito sério: Se você não se meter alguém pode morrer. Em outras palavras, não ache que você não tem o poder de ajudar a denunciar um relacionamento abusivo.

Na realidade, eu sempre percebi o que estava acontecendo, mas não queria acreditar. Peter é meu amigo desde que eu tinha 4 anos de idade. Nós crescemos juntos, eu sempre frequentei a casa dele, nós sempre fomos amigos. Eu não conseguia lembrar da minha infância sem alguma memória com ele. Por isso era tão difícil perceber que uma pessoa que você amava, poderia não ser uma pessoa boa. Ninguém iria querer aceitar que o melhor amigo era um tóxico.

Um abusador não necessariamente será um grosso, agressivo, ogro e estereotipado. Ele pode ser bonito, aparentar ser carinhoso e até mesmo sensível. Nem sempre terá um rosto aterrorizante, isolado, criando planos de como te maltratar. Normalmente essas pessoas são cheias de amigos e pode te seduzir com palavras bonitas.

A Gabriela era apaixonada pelo Peter porque ele sempre fez juras de amor para ela e a tratava com muito carinho, pelo menos na frente dos outros. Mesmo quando ele a traía, causava uma comoção. Comoção que, inclusive, já até gerou um carro do amor fazendo declaração em frente a faculdade na hora do intervalo. Até eu, que sou homem e bem treinado, já acreditei nos seus discursos de *"confia, eu vou mudar!"*.

No final das contas eu vi que não era apenas a Gabriela que estava se iludindo no relacionamento. Eu também fui uma marionete das mentiras do Peter

Enquanto pensava em todo aquele caos com tantas informações novas, encontrei algumas opções:

1. fingir que não sei de nada e continuar vivendo normalmente;
2. encher o Peter de porrada;
3. ajudar a Gabriela a sair daquela situação.

Agora vamos debater sobre cada uma dessas ideias. A primeira seria a melhor para minha saúde mental, além de me poupar trabalho e tempo. Mas também não iria mudar nada. A segunda era a que eu sentia mais vontade, só que poderia me levar à delegacia e não seria bom para o meu futuro. E a terceira, sem dúvidas, era a mais coerente e responsável, no entanto, com certeza também me faria perder um amigo.

Não poderia negar, eu gostava do Peter. O cara, apesar de tudo, era meu amigo. A gente se afastou nos últimos anos, mas nunca deixamos de nos falar. Se eu comprasse a briga e ficasse do lado da Gabi, poderia apostar, nossa amizade iria pelo ralo. Não que fosse ruim, já que eu jamais conseguiria continuar convivendo com ele sabendo tudo que ele já fez para menina. Mas será que eu teria cabeça para entrar no meio disso?

Raciocina, Thomas.

Cheguei em casa, tomei um banho e eu precisava estudar geriatria. Mas só conseguia pensar no quanto aquela história tinha mexido comigo. Meu melhor amigo era um cretino que maltratava a namorada, que, no caso, se tornou minha melhor amiga. O problema era mais sinistro do que eu imaginava.

Em teoria, poderia tentar ajudar a Gabriela a terminar o namoro sem precisar me comprometer com o Peter. Ele jamais iria jogar a culpa em mim. Mas já sei que ela tentou isso uma vez e foi sem sucesso. Então, eu precisava fazer o inverso. Fazer o Peter acabar com a Gabriela e convencê-lo a não querer mais estar com ela. *Brilhante* No entanto, difícil seria encontrar uma forma menos complicada de fazer aquilo acontecer.

Cada segundo que passava me causava mais aflição. Não sei por que fiquei tão desesperado, mas acho que era porque tudo começou a fazer sentido na minha cabeça, todos aqueles posts sobre feminicídio que eu insistia em ignorar no Facebook. A gente sempre achava que a realidade estava distante de nós, mas quando ela batia à porta era que você percebia o quanto não éramos imunes a absolutamente nada. Não que eu achasse que o Peter fosse capaz de matar a Gabriela, mas também não o achava capaz de machucá-la e já soube que ele fez.

Eu precisava saber que ela estava bem, por isso o melhor jeito era sondar. Então, enviei uma mensagem:

> E aí, mané, já estudou geriatria hoje?

Cinco minutos depois, ela respondeu.

> Nada! Preguiça. Vim pra casa do Peter e estamos assistindo um filme. Ele mandou um abraço e perguntou se você vai para o aniversário do pai dele amanhã

> Vou! Adoro um boca livre hahaha

Eu gostava mesmo de uma comida grátis. Mas iria gostar muito mais de confirmar se tudo o que me falaram era verdade. Minha luz de alerta acendeu, e eu iria ligar o radar para saber se ele era mesmo esse abusador. Eu já vi o Peter aprontar muito, mas sempre passou batido. Agora eu precisava analisar cada mínimo detalhe.

Gabriela

ACORDEI NO DIA SEGUINTE COM AS MÃOS DE PETER SOBRE OS meus seios. Transamos a noite toda. Confesso que só fiz isso porque ele insistiu muito. E, também, porque fazia umas 3 semanas que não tínhamos um momento como aquele. Eu não estava afim, mas não tinha mais desculpas para evitar.

Levanto-me depressa e pego minhas roupas. Uma calça jeans e cropped. Como iria para o hospital desse jeito? Abri a gaveta devagar, na esperança de achar alguma blusa esquecida por ali. Nada. Fui até o banheiro e escovei os dentes. Assim que entrei, percebi o celular de Peter carregando na tomada. Tentação. Queria olhar algo que me fizesse sentir raiva e coragem para ter um bom motivo para terminar. Porém, não irei invadir sua privacidade. Odiava quando ele fazia aquilo comigo.

Voltei para o quarto e peguei minha mochila, que estava perto do computador. Saí discretamente para que ele não acordasse, mas tropecei em um tênis jogado no chão. Mania de deixar tudo bagunçado.

— Linda, você já vai? — ele falou, quase sussurrando.

— Já, são quase 8h, entro na faculdade em quinze minutos. Tem paciente me esperando.

Ele se levantou e parou em frente a porta. Como um segurança.

— Você vai assim? — Ele me olhou de cima a baixo. — Pega uma blusa minha.

— O jaleco por cima vai cobrir. Estou atrasada, Peter, não posso deixar os pacientes esperando.

— Você podia ser esforçada no nosso namoro como é com esses pacientes, hein? — resmungou como uma criança de cinco anos.

— E você podia ser menos infantil do que eles. Nem na pediatria vejo meninos tão mimados quanto você — disse, aborrecida.

— São crianças hoje? — perguntou, desconfiado.

— Que diferença faz? — Empurrei a porta e segui em direção às escadas.

— Você nunca me contou sobre esses pacientes...

Meu estomago se contraiu. Eu simplesmente detestava o jeito passivo agressivo dele.

— Você nunca me perguntou sobre eles — devolvi o questionamento em tom descontraído, tentando me esquivar.

Então, fui salva pela sogra. Senhora Liz apareceu subindo as escadas com uma pilha de roupas limpas. Arregalei os olhos implorando que ela parasse para falar algo e interrompesse a provável discussão.

— Bom dia, Gabi. Já está de saída? Se quiser tem salgadinho no forno. Já estou fazendo os testes para o jantar de hoje.

— Obrigada, Liz. Estou atrasada. Mas a noite faço questão de provar. — Dei um beijo na bochecha de Peter. — Tchau lindo, até mais tarde.

Saí quase como uma fugitiva. Meu coração disparado ao entrar no carro. Passei a primeira macha e acelerei. O pneu saiu cantando e a taquicardia só passou quando percebi que já estava há duas quadras da casa de Peter. Eu não deveria me sentir assim. Eu não queria me sentir assim.

O telefone tocou e meu sangue esfriou. De relance, vi que não era Peter. Era apenas Thomas, por isso, fiquei mais calma. Atendi quase que ofegante.

— Você pode me dar uma carona? Minha mãe saiu com meu carro.

— Posso — falei, ainda nervosa. — Em três minutos estou aí.

Mordi as bochechas tentando conter o choro. Não queria que ele me visse assim. Na realidade, nem sei por que fiquei tão fora de mim. Foi apenas uma pergunta boba que me gerou alguns gatilhos. "São crianças hoje?" e "Você vai assim?"... A fala ecoava em minha mente. Que diferença faz? Eu mesma achei a roupa um pouco depravada para a situação. Mas e se os pacientes não fossem crianças? E se fossem homens da minha idade? Será que teria problema? Balancei a cabeça, sabia que estava fantasiando demais. Nas últimas semanas, as pessoas estavam plantando tantas coisas ruins sobre o Peter que bastava uma fala dele para que eu já deduzisse o seu pior.

Durante um namoro, inúmeras vezes, sonhamos acordada com a pessoa que amamos. Criamos cenas, planejamos o futuro e nos alimentamos de possíveis situações que nos dão frio na barriga e arrepio na alma. Era o que fazia **o amor continuar sendo fermentado mesmo depois de anos. No entanto, se em algum momento te faltar isso, acredite… seu namoro solou como um bolo. Não tem como seguir um relacionamento sem dedicação.**

As lágrimas de angústia me perturbavam e se transformaram em pura raiva. Bati com força no volante. *Se controla, Gabriela.* Em menos de dois minutos, cheguei na frente da casa de Thomas. Ele entrou correndo no carro assim que me viu, pois começou a chover.

— Nossa, você tá dirigindo um Gol ou uma Ferrari? Que rapidez. Não sei nem como consegui me vestir tão rápido. — Ele deu uma risada, bem-humorado, mas eu continuei séria. — Está tudo bem?

— Sim. – respondo seca.

— Não parece. Brigaram de novo? — ele insistiu.

— Não.

— Então o que aconteceu?

— Nada — respondi irritada, encerrando o assunto.

— Gabi, você sabe… — Thomas começou a falar, mas o cortei no mesmo instante.

— Que se precisar posso contar com você e desabafar quando quiser? Eu sei — finalizei.

— Não. Não era isso que eu queria dizer. — Ouvi sua voz sair quase como um consolo. — Eu queria dizer que se você quiser acabar, eu estarei do seu lado. Você nunca vai ficar sozinha. Entendeu? — Thomas esticou sua mão e tocou a minha, de forma carinhosa e rápida.

Confirmei com a cabeça e dirigi como um piloto de fuga, focada em não dar nenhuma brecha para voltarmos a falar mais um *a* durante todo o caminho. Queria poder contar para ele as minhas incertezas sobre tudo que tem acontecido, mas não queria envolvê-lo mais na situação. Honestamente, estava envergonhada. Não sabia direito pelo que. Se era por esperar sempre o pior da pessoa que eu amava, ou se era por medo de Peter ser mesmo tudo o que pintaram dele.

No fundo, também tinha vergonha de admitir a mim mesma que estava com medo dele. Não tinha coragem de assumir que aquele jeito já estava me incomodando.

Durante o dia inteiro não consegui me concentrar nas aulas. Abri o Whatsapp e lá tinha cinco mensagens do Peter. Ignorei todas sem ao menos ler. Sabia que a maioria delas eram xingamentos e DRs por algo que não havia a menor necessidade de brigar. De uns tempos para cá, fui percebendo que tudo se tornava motivo de discussão. Sabia que isso era normal em muitos casais. Mas chegou em um ponto que vivia tão tensa ao seu lado que me dava medo de falar. Sabia que ele iria explodir e arranjaria um jeito de mostrar que a culpa era minha do nosso relacionamento ser uma droga.

Caminhei até o refeitório e Jéssica estava tomando um café, sentada em uma das cadeiras de ferro. Afastei uma delas para me sentar e tentei puxar assunto, mas ela estava focada em responder alguém pelo celular.

— O dia parece que não está passando, né? — Peguei a cafeteira e me servi um pouco.

— Gabi, não vi que era você... — Ela, enfim, percebeu minha presença, desligou o celular e me olhou intrigada. — Aconteceu algo?

— Não! — Quase gritei, mas me recompus. — Só o de sempre. Estresses no namoro e coisa e tal.

Na verdade, são muitos estresses de namoro e uma falta de coragem absurda para terminar o que já tinha tirado minha saúde mental. Mas não iria entrar em detalhes.

— Isso já está cansativo. Acaba logo. — Ela deu de ombros. — Você pode começar a sair comigo para se divertir. Não sou cigana, mas faço você esquecer esse embuste em três dias. — Começamos a rir e Thomas entrou.

— Qual é a graça? Quero rir também. Tô exausto de cantar músicas infantis pra conseguir examinar as crianças.

— Tio Thomas é um bom companheiro.... — Cantarolei enquanto bebia o café.

— Para de graça! — Ele me deu um tapinha nas costas e a xícara caiu em minhas pernas, sujando meu jaleco. — Desculpa, Gabi. Sujou muito?

— Droga! — falei, irritada. — Ainda bem que já acabamos por hoje. Estou de blusa cropped e não ia ser legal atender assim.

— Ué, você queria atender de burca? Qual o problema? Jess só falta vir de minissaia e tem notas ótimas. Ninguém é menos médica por isso. — Thomas franziu a testa.

— Nada, é só que acho errado.

Recompus-me e já ensaiei uma despedida. Senti o peso na consciência me acompanhando enquanto ficava de pé.

— Te vejo mais tarde, Tho? — perguntei, torcendo para que a resposta fosse sim.

— Sim! — Respirei aliviada, pelo menos terá alguém para o Peter dar atenção.

— Aniversário do pai do Peter? — Jessica questionou e confirmei com a cabeça. — Tragam docinho amanhã, também já vou porque tenho aula de polidance.

— Que irado, você tá fazendo na academia? Me fala aí que dias tem para ver se encontro minha futura mulher por lá.

— Sim, todos os dias, mas só vou as vezes, pois tenho muita coisa e não dá tempo.

Eles continuaram conversando, empolgados, e eu saí sem que eles notassem minha ausência.

Entrei em casa e joguei as chaves na mesinha da sala. Puxei uma cadeira e me sentei rente a um quadro da foto de casamento dos meus pais. Eles exalavam felicidade. E era assim até hoje. O brilho no olhar era o mesmo de 25 anos atrás. Sempre me perguntei quando e como poderemos saber se a pessoa que nós amamos era a pessoa certa? Quando que amar deixou de ser suficiente para construir relações amorosas?

Embarquei nesses pensamentos até que minha mente pausou novamente na cena que vivi hoje pela manhã. Rapidamente, tentei desviar o foco, mas era impossível. Um flashback se fez presente e acabei recordando não apenas daquela, mas de tantas outras situações onde me questionei se Peter era mesmo a pessoa que eu gostaria de construir minha família. Minha mente fervilhava. Se não fosse ele, quem seria? O silêncio tomou conta do ambiente por poucos minutos. Até que desapareceu, pois meu choro ecoou sem fim. Tentei uma respiração profunda, mas foi em vão.

Corri para meu quarto e tranquei a porta. Não queria que ninguém me visse naquele estado *novamente*. Abri uma caixa com fotos e memórias nossas e dei um play em uma música da Ariana Grande. Sofrer ouvindo música triste é 110% melhor para meu jeito pisciana de ser.

"Obrigada, próximo. Eu sou grata pra caralho pelo meu ex". Cantei junto com Ari enquanto buscava uma roupa para usar no aniversário do meu sogro. Mesmo trocando mais de sete vezes de blusa, preferi me vestir de confiança. Estava decidida e não era por impulso. Precisava tomar uma dose de coragem e deixar as inseguranças de lado. Eu iria terminar o namoro e seguir em frente. Ariana Grande superou inúmeros términos. Demi Lovato acabou o noivado. Taylor Swift foi corna. E todas elas se saíram maravilhosamente bem e milionárias, escrevendo músicas sobre isso. Por que eu não irei superar o Peter se ele não chegava nem aos pés do Harry Styles? Chega! Não passaria de hoje.

6
Thomas

4 ANOS ANTES

ERA MEIO DE MARÇO E ESTAVA CHOVENDO COPIOSAMENTE. A aula de anatomia tinha acabado quinze minutos antes do previsto, porque uma das alunas teve uma convulsão enquanto analisávamos um cadáver. *Aconteceu do meu lado, inclusive.* Eu, como principiante na vida acadêmica de Medicina, quase convulsionei junto. Mas tentei manter a calma, do contrário poderiam questionar o meu futuro CRM. O professor disse que não tinha nenhuma relação entre a aluna ter passado mal com o Silvinho. Sim, dei um nome para o cadáver, pois eu precisava criar um pouco de intimidade antes de começar a mexer nos órgãos do cara. Já o nome da garota, não fazia ideia.

Fui até a lanchonete buscar uma comida enquanto esperava minha mãe me buscar para irmos para a Auto Escola. Eu estava azul de fome e hoje tinha 5 aulas teóricas seguidas. Não via a hora de tirar a carteira de motorista e não precisar mais depender do cronograma da Dra. Hannah. A fila para pegar um lanche dava voltas e ía até a escada do bloco de Educação Física. Olhei para ver se tinha alguém conhecido que pudesse adiantar meu processo, e lá estava Jéssica.

Nós já tínhamos ficado em uma festa de formatura do terceiro ano. Eu nunca mais tinha a visto e sequer sabia que ela estudava aqui. Cara de pau? Sou, ainda mais com fome e querendo paquerar. Aproximei-me, puxando um papo.

— Jess, como assim? Não acredito que você está aqui. — Ela abriu um largo sorriso ao me ver, havia um tom de malícia no olhar.

— Thomas, não tinha te visto também. Que curso você faz?

— Medicina! — respondi, orgulhoso. — E você?

— Também... — ela respondeu com a mesma empolgação e eu custei a crer. — Sou da turma A e você?

— Turma B — falei, quase engasgando com a própria saliva.

Jamais pensei que Jéssica Soares fosse uma aluna exemplar. Ela era o terror do Ensino Médio.

— Bem, temos muito o que conversar... — Encaixei-me ao seu lado na fila. — Como tem sido essa primeira semana? — Senti uma mão no meu ombro e me virei para conferir. — Oi, posso ajudar?

Amor à primeira vista? Não sabia como funcionava, mas certamente ela era meu número. Pouco mais de um metro e meio e completamente diferente de qualquer mulher que eu já tinha ficado. Cabelos castanhos escuros cacheados e olhos verdes claro. Seu olhar ainda ficava mais bonito graças ao seu bronzeado, de dar inveja em qualquer um. Mas o que me chamava mais a atenção não era a sua aparência estonteante, mas a luz que ela emanava. Um olhar de segurança e domínio que me paralisaram no momento em que nossos olhos se cruzaram.

— Pode ajudar sim, não sei se percebeu, mas isso é uma fila. — Ela me encarou mais uma vez e bufou, furiosa. — E não vou permitir que você dê um jeitinho de furá-la. Saia agora ou vou até a coordenação.

— Eu não estou furando. Apenas encontrei minha amiga e me juntei. Mas, se quiser, deixo você passar na minha frente com uma condição — falei, entusiasmado para que ela perguntasse.

— A condição de você me deixar passar na sua frente cai por terra já que eu estava aqui antes de você furar. — Ela passou por mim e virou de costas.

— Decidida, gostei de ver... — sussurrei em seu ouvido. — Me apaixonei por sua aparência e pela sua personalidade. Mas consigo ver nitidamente um defeito seu. — Ela ignorou e eu continuei mesmo assim. — Usar jaleco fora da clínica é errado. Eu poderia ir à coordenação avisar, mas acho isso muito colegial.

Ela rapidamente tirou e guardou na mochila.

— Qual é a condição? — perguntou, desconfiada

— Seu número.

— O quê? — Ela abriu a boca, perplexa, como se eu tivesse pedido algo impossível. — Você não sabe nem meu nome.

— Dra. Maria Gabriela Ramos, primeiro semestre? Prazer, me chamo Thomas Beck e sou da turma B, primeiro semestre também. — A fila andou mais um pouco e chegou sua vez.

— Um misto quente e uma Coca-Cola gelada por favor. — Ela pegou a ficha e se virou novamente para mim. — Aqui seu pedido. — Entregou-me o papel.

— E o seu número? Vou ficar sem?

— Eu não te entreguei meu pedido, eu te entreguei o seu.

Olhei para o papel e lá estava seu número, anotado atrás da nota fiscal. Sorri com o canto de boca e pensei que talvez eu tivesse encontrado alguém mais perspicaz que eu.

Conversamos algumas vezes por mensagem, mas não nos encontramos mais. Até que, uma semana depois, a encontrei em uma das festas de calouros da faculdade. Dei uma olhadela de canto de olho e notei que ela está rodeada de amigas que pareciam até clones, de tão parecidas. Mas ela não. Ela conseguia se diferenciar de qualquer uma com sua maneira única de ser. Seu jeito meigo e feroz hipnotizavam qualquer um.

Tentei me aproximar um pouco, mas fiquei paralisado, vermelho e suando frio. O que estava correndo pelas minhas veias definitivamente era paixão. Nunca havia me sentido assim. Tentei me recompor. Como poderia ficar tão frágil perto de alguém que eu mal conhecia? Olhei para Peter, que foi junto comigo, e apontei para que ele soubesse exatamente de quem estava falando. Ele se inclinou para vê-la e retomou o olhar para mim.

— Não achei nada demais… — sussurrou baixinho, em um tom de quase ofensa.

— Como não? — Fechei os punhos, meio irritado. — Ela é encantadora.

— Cara, respira — ele pediu, fazendo piada da situação. — Você é galã, já está no papo.

Dei um gole na cerveja, que desceu amarga pela minha garganta. Um metro era a distância que nos separava. Mas os passos até chegar nela parecem uma eternidade. O corpo vibrava como se eu fosse um garoto de 13 anos chegando na primeira menina da minha vida. Tomei coragem e segui até a sua rodinha, mas fui impedido por Jéssica, que se esbarrou e começou a dar em cima de mim.

Não, não, não!

Gabriela não podia ver aquilo, do contrário, iria achar que todas as minhas investidas foram gracinhas ou delírios. Sem contar que minha fama não era das melhores. Suspirei profundamente, buscando um pouco de ar. Tentei desviar de Jéssica, mas ela insistiu na conversa. Puxou meu rosto até conseguir sentir seu hálito. Ela não parecia nada sã.

Perdi Gabriela de vista, ela não estava mais onde a vi. *Merda!* Virei-me a procura de Peter, que também sumira do meu campo de visão. Eu queria deixar Jéssica para lá e ir correndo procurar por Gabriela, porém, não seria o babaca que a largaria para que algum cara realmente maldoso pudesse fazer algo com ela. Estudava na faculdade há praticamente 3 semanas, tempo suficiente para saber que os homens não parecem ter limites. Ser mulher nesse país era foda.

— Jéssica, olha para mim. — Segurei firme seu rosto e coloquei em frente ao meu. — Preciso levá-la para casa, ok? Você ainda mora no mesmo lugar? — Ela assentiu com a cabeça.

A segurei pelo braço e andei no corredor em direção ao ponto de táxi mais próximo para que pudesse deixá-la em segurança. No meio do caminho, escutei um grito fino tão estridente que praticamente senti morrer alguns dos meus neurônios. Levei um tapão nas costas e me virei para conferir o que estava acontecendo.

— Ei, quem você pensa quem é pra levar essa mulher bêbada pra algum lugar? — O rosto não era conhecido meu, apesar de familiar.

— Eu a conheço e estou indo levá-la para casa. Você sugere algo melhor? — alfinetei.

— Não, o correto é isso mesmo. — Ela colocou as mãos na cintura e começou a me analisar. — Mas quem garante que não vai abusá-la?

— Olha aqui, eu não te conheço e provavelmente você também não conhece a Jéssica. Eu jamais comeria uma mulher embriagada.

— Eca, você é nojento. — Ela me repugnava, mas continuava estática na minha frente.

— Eu não faria amor com uma mulher bêbada, melhorou?

— Ok, mas eu vou junto. — Parecia uma piada de mal gosto. — Meu nome é Isabella e a Jéssica é da mesma turma que minha amiga.

— Certo, Isabella, então você vem comigo só para ficar de olho ou pretende ajudar?

Ela me olhou, franzindo a testa como se sentisse insultada. Deu meia volta, segurou Jéssica pelo outro lado e caminhou paralelamente a mim. Pegamos o primeiro táxi em direção a casa de Jéssica. Eu já conhecia bem o caminho.

Durante o percurso, nenhum pio. Fiquei pensando em enviar uma mensagem para Gabriela, mas meu celular estava sem bateria. *Merda!* O que era para ser uma noite maravilhosa se tornou uma operação para ressuscitar uma bêbada desgovernada.

Olhei para o lado e já estava perto da casa de Jess. A rua costumava ter muitas casas parecidas. Vi uma que talvez pudesse ser a dela e pedi ao motorista para parar.

— É aqui — falei.

— Não é. — A garota disse, com firmeza.

— Como você pode saber? Nem conhece a Jéssica.

— Eu vim mais cedo na casa dela com minha melhor amiga, nos arrumamos juntas para ir à festa — ela respondeu em tom de deboche.

Eu não conseguia acreditar que aquela cretina, perdão, aquela menina, sabia exatamente onde Jéssica morava e insistiu que eu viesse com ela. Por que não levou sozinha? Por que não disse *"po, conheço ela vou levar pode ficar lá curtindo a festa"*? Eu me dei ao trabalho de trazê-la até em casa com uma desconhecida que a conhecia. E ainda perdi a chance de ficar com a mulher que eu tanto queria e, provavelmente, perdê-la para algum outro veterano emocionado.

O táxi parou em frente à casa de Jéssica. Isabella abriu a porta e subiu as escadas, levando-a. Ela parecia um pouco mais sóbria e consciente para andar com as próprias pernas. Eu esperei na parte inferior da casa, sentado no sofá. Procurei algum carregador por ali, mas não encontrei nada. Ela não demorou e agradeci que, em menos de 20 minutos, estarei de volta à minha primeira festa da faculdade.

— Isabella? — perguntei, tentando recordar seu nome, e ela confirmou com a cabeça. — Se você sabia quem era a Jéssica e onde ela morava, por que fez tanta questão que eu viesse com vocês?

— Não ia pegar o táxi sozinha com ela. Eu precisava de alguém mais forte — retrucou.

— Ok, sem mais tempo perdido. Vamos? — Soltei um suspiro exasperado.

— Eu não vou voltar— ela respondeu, sarcástica — Jéssica está sem ninguém em casa e combinei com minha outra amiga de nos encontrarmos todas aqui depois que a festa acabasse. Seria nosso ponto de encontro.

— Maravilha, então você pode por favor pedir um táxi pra mim? Aquele já foi embora. — Revirei os olhos e sentei-me novamente.

— Peça você — ela disse, erguendo uma das sobrancelhas.

— Meu celular descarregou.

— Ok, vou ver o que posso fazer.

Enquanto esperava o táxi, ela começou a preparar um macarrão instantâneo. Estava varado de fome, então até o cheiro cancerígeno daquele alimento me causou desejo. Aproximei-me um pouco da cozinha e notei o quanto a garota era bonita, apesar de completamente surtada e grossa. Meu medo era que ela percebesse o quanto estava duro. Puxei a cadeira da bancada da cozinha e me sentei frente a ela, que me observava, desconfiada.

— O táxi está demorando muito a chegar, né? — Ela jogou uma conversa fora.

— Sim, já faz uns 45 minutos que pedi — respondi, sem ânimo.

— Já são 2h da manhã, você acha mesmo que vale a pena voltar pra aquele lugar? — ela questionou.

O clima na cozinha estava um pouco tenso, então ela tentou quebrar o gelo abrindo uma cerveja e me oferecendo. Eu aceitei e continuei batendo um papo enquanto aguardava o motorista. Ela percebeu que eu estava com fome e fez mais um pacote de macarrão. Três minutos depois, ficou pronto e comemos juntos.

— Você estuda lá também? — perguntei, curioso. Ela já havia dito que conheceu Jéssica porque ela estudava junto com sua amiga, mas não mencionou nenhum curso.

— Eu não dou para a faculdade. Gosto de moda, e até quis fazer design, mas não é meu perfil. Prefiro trabalhar logo e ganhar experiência no mercado, sabe?

— Entendo. — Conferi de novo o aplicativo para ver se o carro já estava chegando, meio irritado.

— Desculpa ter estragado sua noite… — Foi a primeira vez que percebi um tom angelical em sua voz. — Já fui assediada por um taxista, então tenho medo de ir sozinha.

— Sem problemas.

Uma onda de calor invadiu meu corpo. Óbvio que eu não poderia deixar duas mulheres irem sozinhas para casa com um taxista desconhecido. Tudo bem que não era para elas se sentirem inseguras, o mundo deveria ser mais justo com elas. Mas quem queremos enganar? Não era. Então eu deveria fazer o mínimo para ajudar e não me irritar de estar fazendo isso.

— Eu que peço desculpas, Isabella. Eu nem imagino como deve ter sido isso, mas fico feliz em ter ajudado um pouco. — Toquei em sua mão em cima do balcão e ela apertou em resposta.

— Você parece ser um cara maneiro. Apesar das circunstâncias em que nos conhecemos. — Ela demonstrava confiança e estava ligeiramente sexy daquele jeito. — Sabe o que isso me diz? — O clima entre nós aumentou ainda mais.

— Não faço ideia, mas me diga aí. — Seu rosto estava corado e percebi que aquele jeito meio marrenta era puro charme, pois ela também estava afim.

—Que tudo isso era pra acontecer e nos conhecermos, valeu mais a pena do que ficar naquele lugar chato e tão lotado, que era impossível respirar.

Ouvi a buzina do carro lá fora. Era o táxi que havia chegado. Dei uma olhadela para o relógio, que marcava quase três da manhã. Senti uma pontada de culpa por não querer voltar para lá, mas, verdade seja dita, não havia mais o que fazer. Se eu chegasse naquele horário, só pegaria as rebarbas e com certeza Gabriela já devia ter voltado para casa. Ela não tinha cara de alguém que ficava em festas até tarde.

— Acho que esse táxi chegou atrasado demais… — falei, olhando para seus lábios carnudos.

— É, não acho que vale a pena ir agora, tem coisa melhor pra fazer — acrescentou, depressa.

— Sugestão de algo? — Enganchei meu braço em seu pescoço e a trouxe para perto de mim

— Acho que você sabe… — ela sussurrou cara a cara comigo e eu não perdi tempo.

O beijo era molhado demais. O que não era ruim, mas me senti um pouco afogado. Mesmo assim, continuei. O clima foi esquentando um pouco mais e vi que o problema não era em como estava sendo o beijo, e sim em quem era a dona daquela boca. Definitivamente, eu não estava nada confortável naquela situação. O peso na consciência bateu, traí meus próprios sentimentos. Eu não queria ficar com Isabella porque estava com a cabeça em outra pessoa. Pessoa essa que nem consegui falar hoje, mas estava pensando tanto nela que até a voz de Gabriela ecoou em minha mente, como se estivesse do meu lado. — Isabella? — Ouvi uma voz e, rapidamente, dei-me conta de que é mesmo real, e paramos de nos beijar.

Virei-me para conferir e lá estava Gabriela, com a voz rouca e trêmula, segurando um copo com o nome da universidade e o rosto suado de quem dançou a noite inteira. Eu não estava acreditando que a melhor amiga da amiga de Jéssica era justamente a garota por quem eu estava fissurado. E, no momento em que, enfim, nós nos encontramos, ela me viu beijando outra. E não outra qualquer.

— Oi Gabi, me desculpa. Sua amiga passou mal e eu a trouxe com o ... — Ela se deu conta de que não sabia meu nome.

— Thomas — Gabriela falou meu nome, com um sabor ácido nas palavras.

— Esse é o Thomas? *Seu* Thomas? — Isabella gaguejou.

O que ela queria dizer com "seu" eu não sabia, mas tinha certeza de que não era um bom sinal. Toda a situação já estava caótica e desnecessária, mas se tornou ainda pior quando percebi quem está acompanhando Gabriela: Peter, meu melhor amigo. O cara que disse que a menina por quem eu estava atraído era sem graça, a trouxe até em casa.

— Fala irmão, beleza? Não consegui te mandar mensagem. — Uma voz interrompeu meu raciocínio.

— Vocês também se conhecem? — Gabriela perguntou ligeiramente atordoada.

— Sim, somos melhores amigos — confessei.

O amor acontecia nos acasos? Era difícil dizer. Às vezes, eu achava que o destino ligava histórias que não poderiam ter se cruzado.

Gabriela

4 ANOS ANTES

EXISTIA CERCA DE TRINTA MIL ALUNOS NA MINHA UNIVERSIDAde. Poderia garantir que 10% desses alunos estavam na festa de ontem. Mas eu fiquei justamente com o melhor amigo do cara que estava afim, e minha melhor amiga ficou com o cara que eu estava afim. Tudo parecia uma grande piada de mau gosto, mas se tornou ainda pior. ~~pois nenhum de nós sabíamos disso.~~

Não fiquei com Peter porque queria, eu fui vencida pelo cansaço. Ele ficou plantado a noite inteira atrás de mim, como um segurança. Depois de um tempo (e umas doses a mais) o papo fluiu, ele tinha um jeitão esperto e acabamos ficando.

Depois do momento mais sem graça da minha vida, reli todas as minhas conversas com o Thomas. Eu não estava maluca, ele deu em cima de mim. Aquilo ficou mais do que claro. Mas por que será que ele não foi atrás de mim na festa? Ele basicamente sumiu sem ao menos me cumprimentar, e, além de ter sumido, eu o encontrei grudado na boca de Isabella.

As últimas mensagens que encontrei foram minhas, perguntando se ele já havia chegado. E fui totalmente ignorada. As mensagens anteriores são apenas dele falando que estava indo com um amigo. Óbvio, o amigo era o Peter, o cara que eu fiquei. Como eu iria adivinhar? Eu também poderia ter dado um fora no cara, mas ele foi insistente. Passou a noite grudado em mim. Ele não era tão bonito e charmoso quanto o Thomas, mas depois de 5 doses de margaritas, qualquer um fica mais atraente.

Esperei Isabella acordar. Depois da intensa madrugada, fomos dormir e não trocamos uma palavra. Eu, por outro lado, não preguei o olho. Fiquei acordada esperando que alguém me desse uma explicação. Por volta das 10:40, ela acordou e se virou pra mim:

— Que noite esquisita — murmurou. abrindo os olhos devagar.— Eu não fazia ideia de que o cara era o que você estava afim, Gabi, sinto muito. Mas se te conforta o beijo foi terrível, nem perca seu tempo.

— Você ao menos sabia o nome dele? — perguntei, intrigada.

— Não, eu juro! — Ela franziu a testa.

Isabella tinha muitos defeitos, mas mentirosa não era um deles. Busquei meu celular na mesa de cabeceira ao lado e vi uma mensagem não lida. Devia ser dele. Meu coração palpitou no peito, mas tentei não demonstrar tanto interesse. O convite era para ir tomar um café mais tarde. Ufa, nem tudo estava perdido pelo visto. Meio milésimo de segundo depois, percebi que a mensagem era de Peter, e não de Thomas.

— Quem mandou? — Ela sorriu com o canto da boca e notei um certo ciúmes em seu tom de voz.

— O amigo, Peter. Disse que pegou meu telefone na lista de contatos do Thomas e me chamou para tomar um café.

— Você vai? — questionou, surpresa.

— Acho que não… Eu não achei nada demais, sabe? Meu coração não acelerou.

— Gabi, **amor não acontece dessa forma romântica de contos de fadas que você espera. Amor é um processo, demora a se desenvolver e criar forma** — sua fala soou presunçosa e me incomodou um pouco.

Queria argumentar e falar certas verdades para Isabella. Talvez — só talvez — ela estivesse apenas me jogando para cima do cara para abrir caminho para ela ficar com Thomas. Era horrível pensar daquela forma, mas a conhecia muito bem. Porém, engoli a seco, não era hora e nem momento para discutirmos sobre. E eu também não podia mudar o que eu pensava sobre tudo aquilo.

Embora ela estivesse um pouco certa sobre o "desenvolvimento do amor", eu sabia que Peter não era o cara para mim. O beijo? Não foi o melhor de minha vida, mas também não foi de todo ruim. Talvez se eu não estivesse tão focada em Thomas, teria sido melhor. É que fui com uma expectativa alta de que iria ficar com ele, que o fato de ficar com qualquer outro não iria suprir minha necessidade, nem carnal e nem afetiva. E para ser sincera, foi um pouco frustrante como tudo aconteceu.

No final da noite eu já estava tão exausta do papo narcisista de Peter que tentei fugir, mas quando vi que todas as minhas amigas já tinham ido embora e eu estava com apenas $5,00 no bolso, sugeri que ele me levasse até a casa da Jéssica, pois aquele era o meu ponto de encontro com as meninas e nenhuma das duas me respondia. Não tinha mais nada a ser feito além de rir da situação inteira e enfiar minha cabeça no travesseiro de tamanha vergonha.

— Nossa, estou com uma puta ressaca. — Jéssica abriu a porta com uma xícara de café.

— Você estava sem limites ontem — desabafei enquanto trocava de roupa.

— A última coisa que eu me lembro era de beijar Thomas e ele querer me levar pra casa.

Olhei, perplexa, para a cena e custei a acreditar que aquilo estivesse mesmo acontecendo.

—Você também ficou com ele? — Isabella perguntou, meio ríspida.

— Acho que sim, não lembro muito bem. Mas já fiquei com ele outra vez, quando erámos mais novos. Todo mundo já ficou com o Thomas — ela debochou da situação, revirando os olhos. — Ele não é do tipo que dá pra levar a sério.

— Você conhece o Peter? —perguntei e ela não respondeu de imediato, então insisti. — O melhor amigo dele...

— É um cara diferente. Mas não tenho opinião formada. — Podia sentir um olhar mortal sobre mim, mas não entendi muito bem o que significava.

— Fiquei com ele ontem, vocês acham que vale a pena uma segunda chance? — questionei, indecisa.

— Vale! —Isabella é a primeira a dizer.

— Não vale —Jéssica gritou logo em seguida.

Elas responderam quase juntas, o que me confundiu um pouco. Mas estava tão irritada com tudo que aconteceu que talvez fosse melhor clarear minhas ideias sozinha *e longe daqui*.

— Vou ver o que faço — respondi após um longo silencio e fui direto arrumar minhas coisas para ir embora.

Minha raiva era quase que visceral. Não de mim ou de ninguém, e sim da situação. Não sabia que estava tão interessada em Thomas até me dar conta de que eu o tinha "perdido". A frase "só se dá valor quando perde" nunca fez tanto sentido em minha vida.

O amor tinha mesmo dentro dele um pouco de possessividade infiltrada. E talvez fosse aquele seu grande mistério. Nós sempre queríamos aquilo que não poderíamos ter pelo simples fato de que o que não te pertencia, te despertava mais interesse.

Já eram quase 14h e nenhuma mensagem de Thomas. Em compensação, havia recebido centenas do Peter. Era incapaz de disfarçar o quanto estava desconfortável com tudo, mas pensei que a melhor alternativa era encarar e seguir. Então, procurei minha melhor roupa, passei o meu perfume preferido e fui em direção a cafeteria. Peter já estava me esperando. Dei um sorriso amarelo quando cheguei à mesa. Afastei a cadeira e me sentei, para evitar cumprimentos esquisitos como selinho, abraço ou beijo na bochecha.

— E, então, como passou a noite? — provocou, incapaz de não tirar sarro da situação.

— É, acho que a troca de casais foi um tanto quanto inesperada — resmunguei um pouco.

— Acho que foi melhor assim, acredite. — Ele mordeu os lábios e continuou. — O Thomas não é muito seu perfil.

— E você sabe qual é o meu perfil? — perguntei, arqueando as sobrancelhas.

— Eu, claro.

— Nossa, você é arrogante o suficiente para acreditar nisso, não é? — Dei de ombros.

— Ei, calma! — Ele levantou as mãos, tentando se explicar. — Estou brincando. Mas fato é que você não tem muito a ver com o Thomas. — Continuei o olhando fixamente para que ele pudesse terminar o raciocínio. — Você, pelo pouco que conheço, parece ser alguém que merece quem fique verdadeiramente do seu lado e faça tudo por você.

Minha resistência e pose de malandra se esvaiu com a doçura em sua voz. Ele realmente falou sem afastar seu olhar do meu, e me fez acreditar que era a mulher mais especial do mundo naquele momento.

— Você não é qualquer uma, sabe? Você tem uma luz própria. É bonita, confiante e tem uma garra única. — Sua voz ecoou arrasadora dentro de mim. — O Thomas é brincalhão, não pensa em futuro e nem em nada do tipo. Inclusive, já foi sair com sua amiga hoje.

— Isabella? — perguntei, escandalizada.

— Acho que sim… — ele comentou como se fosse algo sem importância alguma. — Ou com a outra, ou com as duas. Ele curte uma orgia. Sinceramente nunca sei muito sobre com quem o Thomas está no momento, sabe?

— Sei — falei, meio desanimada.

A curiosidade estava estampada em minha cara. Quando foi que ele deixou para trás todo aquele lado egocêntrico de ontem? Francamente, parecia outra pessoa comigo. Talvez eu também estivesse tão embriagada, que tive uma ideia errada sobre Peter. Estava vagando em pensamentos e ele pareceu notar meu olhar interrogativo. Avaliei seu comportamento e perguntei com segurança:

—— Você parece diferente de ontem… Em que momento você se transformou nesse personagem bonzinho? — Pisquei um dos olhos para ele, que achou graça da minha pergunta.

— É que… — Peter deu um sorriso tão canalha que me contagiou. — Acho que o meio influencia o todo. Ás vezes, quando convivo com pessoas diferentes de mim, acabo sendo o que não sou. — Ele se referiu ao Thomas nas entrelinhas, era nítido.

— É, isso acontece mesmo… — confirmei.

— Mas, enfim, Gabi… Eu gostei de ficar com você ontem e acho que esse encontro foi mais para te conhecer melhor. Ontem falei muito de mim, peço desculpas — ele falava de um jeito calmo e seu sorriso se alargava cada vez mais. — Fiquei nervoso de verdade perto de você. — Suas bochechas ficaram coradas e meu coração amoleceu no mesmo instante.

Nosso primeiro encontro durou três horas. A todo minuto, ele me fazia sentir como se fosse tão preciosa, que não demorou muito para que eu me abrisse e contasse sobre toda a minha vida. Era como se eu me sentisse próxima e segura a ponto de dividir tudo e qualquer assunto que me conectasse ainda mais a ele.

O que era para ter sido o pior encontro da minha vida, se tornou o melhor. Afinal, o amor morava onde você permitia que ele entrasse. **Para se apaixonar, era necessário se permitir.**

era sempre melhor ter uma CERTEZA dolorosa, do que uma INCERTEZA angustiante.

Duda Riedel

8
Thomas

PRESENTE/ DIAS ATUAIS

CHEGUEI À CASA DO PETER E FUI DIRETO PROCURAR PELA Gabriela. Achei ela tão inquieta pela manhã que não saía da minha cabeça que ela estava em apuros. Não me surpreenderia se ela não aparecesse. Mas era aniversario do seu sogro, ela não iria cair fora assim.

No caminho para a casa de Peter, passei em frente a academia do bairro. Era tão evidente que aquele relacionamento estava cada vez mais abalando outras áreas da vida dela, que só então me dei conta de que fazia pelo menos um ano que ela não jogava tênis. E aquela era uma das coisas que ela mais amava fazer.

De início, engoli a desculpa de que estava muito corrido conciliar a faculdade com o esporte. Mas depois de tudo que ouvi e pesquisei sobre relacionamento abusivo, estava acreditando mais na teoria de que ela fora proibida de fazer o que gostava.

Ficou claro para mim que a pessoa que estava sendo abusada não tinha coragem de sair do abuso. Ela achava que não conseguiria ser feliz sem aquilo do qual já estava acostumada e de que ela precisava da relação para se manter bem. Aos poucos, ela vai se distanciando do círculo de amizade e da família. Depois, deixava de lado seus gostos. Com o tempo sua vida girava em torno do outro, e a vítima estava tão presa dentro de uma gaiola que não tinha forças para abrir as portas e escapar. O que sustentava uma relação tão tóxica? O domínio psicológico. A dependência era a única coisa que ainda sustentava a relação, pois a pessoa não enxergava saídas para fugir.

Parei em frente à mesa de salgadinhos, engoli duas coxinhas e vi Peter no canto da sala, digitando. Cheguei mais perto, no modo silencioso para que ele não notasse, mas ele se assustou com minha respiração.

— E aí, cara, você já está por aqui? — Ele colocou o celular no bolso. — A Gabriela ainda não chegou, como foi a faculdade hoje?

— Tranquilo… — falei, sem muita animação.— Vocês brigaram? — Ele me olhou, assustado.

— Ela disse algo para você? — Seu timbre mudou, tornando-se um pouco mais grave.

— Não — respondi imediatamente. — Para ser sincero faz tempo que não dou conselhos amorosos pra Gabi. E ela tem compartilhado cada vez menos sobre a vida de vocês.

— É, temos preferido deixar as brigas dentro de casa — ele argumentou. — Mas tudo tem ido extremamente bem.

Enquanto conversávamos, Gabriela apareceu estonteante em um vestido vermelho com uma fenda na lateral da perna direita. O cabelo estava solto e jogado de lado. Uma beleza que havia desaparecido há algum tempo e que me fez lembrar a Gabi de alguns anos atrás. Fiquei espantado com tamanho encanto, mas Peter não pareceu gostar muito. Ele rapidamente se afastou de mim e foi ao encontro dela. Eu, por outro lado, o segui sem que ele pudesse perceber para ouvir a conversa:

— Gabriela, isso é um jantar de família e não um show de stripper. O que você faz com esse vestido? — Ele a puxou pelo braço de uma maneira discreta.

— Pensei que você fosse gostar, eu me achei muito bonita…

Ela viu um garçom se aproximando e pegou um salgadinho, quando ameaçou colocar na boca, Peter atirou a mão em sua direção, quase que a proibindo de comer. Olhou para o lado, viu um copo de água e a entregou. Eu estava delirando ou ele também regulava o que ela comia?

— Achei você incrível como sempre, Gabi. — Apareci e dei um abraço nela.

— É, ela está muito bonita, só não vale arrancar pedaço, viu, Thomas? — Peter falou brincando e me deu um tapinha nas costas, mas eu sabia que ele estava falando sério. — Volto já.

— Você está bem? — perguntei, percebendo que ele já saiu do meu campo de visão.

— Sim, nunca estive melhor — ela disse, animada.

— Esse vestido me lembrou um pouco a Gabriela de 2017, quando nos conhecemos... — Abri um sorriso de menino, o mesmo da época que nos conhecemos, e vi que suas bochechas estão coradas.

— Tempo bom — ela refletiu. — Tempo que as coisas não eram tão complicadas.

— As coisas não são complicadas Gabi, nós é que as vezes dificultamos.

— Será? — sua voz embargou e eu percebi o quanto ela precisava de mim. — Em alguns momentos penso que o destino zomba com minha cara.

— O destino não decide tudo por nós, temos livre arbítrio, sabia? — falei, um pouco tímido.

Queria ser capaz de largar tudo e arrancar no dente a dor que ela sentia. Olhei ao redor e vi o pai e a mãe de Peter brigando, na outra ponta da sala, conseguia enxergar a avó dele tomando um chá enquanto o avô enchia a cara e falava coisas horrivelmente machistas a cada dois minutos.

Gabriela merecia muito mais do que aquilo. O ciclo vicioso que perpetua na família do Peter era uma prova de que padrões precisavam ser quebrados na tentativa de criar uma nova geração. Do contrário, tudo sempre seria engessado e um reflexo de uma criação ancestral.

Enquanto tentava me inteirar do que estava acontecendo, não conseguia tirar o olho de Gabriela. Meu instinto protetor estava ainda mais aflorado. Meu celular tocou e vi que era uma mensagem de Isabella. Desde que pedi sua ajuda, temos nos falado com mais frequência.

> Como a Gabi está? Conseguiu descobrir se eles brigaram?

> Ela está linda, mas já rolou uma mini briga por conta da roupa dela.

> Arghhhh, Peter é detestável. Eu tenho um plano pra fazer com que eles terminem, te conto amanhã. Fica de olho nela.

> Amanhã? Eu sou curioso!!!! Preciso saber agora, anda!

Enquanto discutia com Isabella para descobrir o que ela estava tramando, notei uma movimentação estranha na sala de jantar. Provavelmente iriam cantar os parabéns, então me aproximei da mesa do bolo para garantir que eu iria conseguir pegar os chocolates com morango, eram os meus preferidos. No entanto, o que estava prestes a acontecer estava longe de ser um coro musical de "parabéns para você". Na verdade, estava parecendo mais um "sinto muito por todos nós".

Peter bateu com o garfo na taça de champanhe e convidou para que todos fossem até o cômodo. Quando toda sua família se aproximou, ele engoliu a saliva a seco e começou um discurso encantador sobre amor. O pesar em sua voz me dilacerava, como era possível que aquele cara, que cresceu comigo e tinha uma pinta de bom moço, poderia ser tudo aquilo que me falaram. Pelo visto, precisava urgente de algumas aulas de teatro com ele, porque Peter conseguiu montar um personagem digno de Oscar.

— Durante toda a minha vida, admirei o casamento dos meus pais. E, por muito tempo, me perguntei se em algum momento eu encontraria alguém que fizesse meu coração palpitar assim como o do meu pai fica quando a minha mãe chega perto. — Seus olhos estavam marejados, mas eu franzi a testa, meio confuso, sem saber o que estava acontecendo.

— Você sabe o que rolou? — sussurrei para que Gabriela pudesse me situar.

— Não faço ideia, acho que eles vão renovar os votos ou coisa do tipo. — Ela deu um sorriso murcho e voltamos a prestar atenção.

— Por isso, hoje quero convidar a menina dos meus sonhos, a menina que mudou a minha vida a integrar a nossa família e se tornar, enfim, minha mulher. Gabriela... — Aquilo não poderia estar acontecendo. Prendi a respiração ao perceber onde ele queria chegar. — ... quer casar comigo?

Não, não, não. O que está rolando? Em um momento, eles estavam brigando e agora estavam prestes a ficarem noivos bem debaixo dos meus olhos? Aquilo era um jogo comigo? Quando foi que a chave virou e Peter teve a maldita ideia de que pedi-la em casamento seria algo bom? Fiquei atordoado, estático, incrédulo. Minha visão estava turva e me faltou ar para descrever o que senti nesse exato momento e só então fui perceber que estava prendendo a respiração.

Era um misto de emoções. Por um lado, desespero, porque sabia que a relação dos dois era totalmente imatura para dar um passo a mais, como o casamento. Por outra perspectiva, eu também sentia medo. E a categoria medo era dividida em dois cenários: o primeiro — e mais óbvio — era saber que se a Gabriela se casasse, também colocaria em risco sua integridade, visto que o seu companheiro, meu melhor amigo, era um completo sem noção. Mas o medo também era o da perda. Mais do que nunca, tornava-se concreto o fato de que todo o meu amor enrustido por ela precisaria ser deixado para trás.

Pensei em milhões de possibilidades para aquele momento. Poderia me jogar no chão e fingir que estava passando mal. Porém, quando pensei em começar meu show de atuação, Gabriela já estava lá na frente e Peter ajoelhado aos seus pés. Uma extensão de mim se encontrava sendo pedida em casamento e eu não podia fazer nada.

Gabriela estava pálida, mas rapidamente a cor em seu rosto voltou, pois ela foi envolvida por um abraço caloroso dos familiares de Peter. Olhei ao redor, procurando pela família dela, não havia ninguém. Fazia um bom tempo que eles haviam parado de frequentar os eventos, eles detestavam os pais de Peter. E eu não os julgava.

Ainda não tinha ouvido nenhuma palavra dela. Nem mesmo um sim oficial. Ela ao menos tinha liberdade para dizer o que queria. Logo o anel estava em seu dedo e todos começaram a brindar, enquanto comiam fatias de bolo. Saí imediatamente e entrei no carro, atordoado.

Levei alguns minutos para entender o que estava acontecendo, o incômodo parecia muito maior por perdê-la do que por vê-la sofrer.

Larguei a primeira marcha, acelerei e cruzei a avenida. Meu carro estava com seu cheiro, minha camisa com seu perfume. Gabriela não merecia aquele caminho. Meu coração estava reagindo ao pedido de um jeito estranho. Eu sabia que ela seria a última pessoa por quem eu deveria estar apaixonado. Era errado. Era impossível dar certo. Mas parecia tão instigante, tão urgente, necessário...

Sabe qual era o principal problema de paixões proibidas? Elas eram mais interessantes. Era a mesma sensação de sair escondido dos pais para uma festa que você queria muito. Você não deveria, mas ao mesmo tempo, o desejo era absurdo. A adrenalina que sentia quando estava com ela ainda permanecia como no primeiro dia em que a vi. Um misto de paixão com insegurança que me virava a cabeça e me deixava louco. Fazia tempo que não sentia um desses amores que arrebatava, e achava que a culpa era dela. Ou melhor, minha, por nunca tê-la superado.

Estava à beira de cometer uma burrada, voltar para aquela casa e declarar meu amor por Gabriela. Talvez me custasse caro, muito caro. Mas era o único jeito de tentar impedir aquele relacionamento. Liguei para a Isabella e a mensagem caiu na caixa postal. O nó em minha garganta me acompanhou por todo o caminho. Liguei o som e a música que tocava era aquela que eu chamaria de trilha sonora da nossa história: *Forget You Too*, da Machine Gun Kelly. Cantei tão alto que era capaz de estourar os vidros do carro com minha falta de afinação. Cacete, quando tudo começou a dar tão errado?

Lembrei-me de minutos antes do pedido de casamento, quando falei com Gabriela sobre livre arbítrio. Era um poder que você sempre teria em suas mãos, como uma carta na manga, para acabar com as peças que o destino nos pregava.

> *Use seu livre arbítrio, Gabriela, não deixe que seu futuro e sua vida estejam nas mãos de alguém que não... alguém que não sou eu.*

Meu celular vibrou e era uma mensagem de Isabella. Parei o carro para responder, pois era impossível digitar e dirigir quando meus olhos estavam como um mar, totalmente marejados.

> Me ligou? Não costumo atender ligações, favor enviar áudio ou digitar.

> Liguei. Ela está noiva

Menos de meio segundo após eu enviar a mensagem, Isabella me ligou. Não havia fobia por ligação capaz de resistir a uma fofoca tão grande.

— Ok, você precisa me explicar isso melhor. Como assim n-noiva? — Ela fez uma pausa e sua voz falhou. — Isso está cada vez pior...

— Não faço ideia. Saí de lá tão sem chão que mal consegui entender o que estava acontecendo. Só sei que ela está noiva! — exclamei, com raiva.

— Thomas, isso não é caso perdido, ok?! — ela insistiu.— Mas agora precisamos mudar a estratégia.

— Que estratégia Isabella? Ao menos começamos uma e já deu tudo errado — falei, desesperado.

— Ele não ia pedir ela em casamento sem motivo algum. Tem algo por trás disso e você precisa descobrir o que é. — Sua voz estava irritada. — É seu dever engolir essa paixonite que se estende a mais tempo que uma temporada de Grey's Anatomy e agir para salvar nossa melhor amiga. Antes da Gabriela ser a mulher que você é apaixonado, ela é uma mulher que está sofrendo abuso psicológico. Amanhã nos encontramos e te explico tudo.

Contive-me e comecei a prestar atenção no monólogo de Isabella, mas menos de cinco minutos depois, minha mente vagou pelo dia que a conheci e que toda a confusão de troca de casais aconteceu. Não acreditava em coincidências, muito menos no acaso. Sempre acreditei na lei da atração e em tudo que ela representava. Isabella, por mais pirada que fosse, teve um papel fundamental em minha vida e aprendi muito com ela.

Depois que nós ficamos e eu descobri que Gabriela ficou com Peter, eu me afundei em tristeza. Não pelo beijo em si, que foi totalmente despretensioso. Mas porque eu soube que ela realmente preferiu ficar com ele, e não comigo. Acordei no dia seguinte da festa caótica, e Peter me disse que ela havia mandado uma mensagem o convidando para um primeiro encontro. Aquela foi uma decisão exclusiva dela e não existia nada que eu pudesse fazer para tentar mudar. Será que aconteceu realmente assim? Tinha minhas dúvidas!

Meses depois, os dois começaram a namorar. Já Isabella e eu, nunca mais nos falamos. Depois de Gabriela, não consegui mais me apaixonar por ninguém, embora eu tentasse arduamente me entregar no amor. Isabella foi, talvez, quem eu tenha chegado mais próximo de gostar.

Tudo começou de uma forma inesperada. Um ano depois do ocorrido, no aniversário da Gabi, nos reencontramos. Tentamos passar uma borracha em tudo que aconteceu e dar uma nova chance. Foram uns cinco meses ficando, mas não tinha como dar certo. Eu era apenas um garoto e Isabella já havia se tornado uma grande mulher, lutando pelos seus direitos e fazendo a diferença na sociedade. Na época eu achava aquilo um saco e me estressava com suas incontáveis cobranças e baboseiras sobre feminismo. Comecei a me afastar e nunca tivemos um término oficial. Mas, quase 3 anos depois disso, consegui notar como ela sempre esteve certa, e como foi importante para minha construção de caráter.

Relacionamentos são complicados, mas te ensinam, independente de qualquer coisa. Afinal, são dois universos compartilhando um. Por isso, a lei da atração serve para que você entenda que nenhum relacionamento é em vão, ele só atraiu aquilo que você precisava aprender naquele momento. Não foi à toa que ela apareceu para mim. Depois de Isabella, mudei totalmente minha visão como homem. Eu era um babaca — talvez *algumas mulheres ainda me achem assim* — mas tenho certeza de que evolui uns 70%.

Eu precisava viver aquilo com Isabella para, enfim, amadurecer. As mulheres tinham o dom de fazer os homens evoluírem, apesar de nenhuma delas terem a obrigação de ensinar. Será que um dia irei aprender algo com Gabriela também?

9
Gabriela

FIQUEI NOIVA. SOCORRO. EU. FIQUEI. NOIVA. MEU PLANO DE TERMINAR o namoro foi por água abaixo. Para falar a verdade, depois daquele pedido de casamento, senti que o fogo da paixão reacendeu dentro de mim. Meu coração estava explodindo de felicidade.

Tudo bem, fiquei um pouco atordoada com tudo. Jamais esperaria que Peter me pedisse em casamento por agora. Não estava nos meus planos de curto prazo, mas aconteceu. E eu só poderia vibrar de felicidade. Esqueci tudo o que pensei sobre *"não me vejo casando com ele"*. Eu me via sim, estava radiante e conseguia ver que Peter Dias me amava tanto quanto eu o amava. Ele estava se tornando um homem sério e que se preocupava com nosso futuro. Do contrário, ele não me pediria em noivado.

Minha sessão de alegria foi interrompida por uma chuva de mensagens via *Instagram*. Meu celular tocou zilhões de vezes. Peter publicou uma foto do nosso anel, que já colecionava mais de 300 curtidas. Ou melhor, do *meu* anel. Só eu estava usando um. Era um brilhante com aro de ouro branco, maravilhoso! Ele me disse que iria providenciar o anel dele depois, não era justo eu usar sozinha. Mas estava tão contente com tudo que aconteceu, que não quis reclamar de nada.

Desbloqueei a tela e vi as centenas de mensagens de parabéns dos nossos amigos, mas uma em específico estava faltando: Thomas Beck. Ele ao menos me deu parabéns ou me cumprimentou depois de brindarmos. Somente consegui notar que seu queixo estava no chão na hora que Peter me propôs e ele não parecia tão contente com a novidade. Abri o whatsapp, querendo saber como ele estava e vi uma mensagem de Jéssica.

> **Que merda é essa? O que aconteceu?**

> **ESTOU NOIVAA!!!!**

> **Ele quem pediu?**

Era impossível adivinhar seu tom através de mensagem, mas podia perceber que ela parecia quase frustrada. Pensei em ignorar a pergunta de tão óbvia que era, mas sabia que Jéssica tinha dúvidas quanto ao meu relacionamento. Bem, até eu tinha algumas dúvidas sobre. No entanto, se tem algo que não dava para negar, era que eu sempre fui do tipo à moda antiga, e jamais pediria um homem em namoro. Muito menos em casamento. Não tinha nenhum problema com quem se arriscava a pedir, mas não fazia muito meu estilo. E ela sabia. Perdi-me na confusão mental e esqueci de responder Jess, porque uma mensagem inesperada surgiu na tela do meu telefone: Isabella.

> **Fiquei sabendo... Parabéns (?) Sei que esse era um dos seus sonhos. E, caso queira conversar sobre, estou aqui p/ isso. Sou uma amiga horrível, eu sei. Mas me preocupo com você e vibro com sua felicidade.**

Li a mensagem dela e, imediatamente, sinto-me em completo estado de limbo. Isabella conhecia mais a mim do que eu mesma. Talvez ela desconfiasse se estou mesmo feliz com o fato de me casar com Peter, ou só em me casar por si só. Digitei algo, mas apaguei a mensagem centenas de vezes e, por fim, escrevi apenas o que meu coração mandou:

> **Sim, obrigada Bella! Queria poder conversar com você sobre, topa um café amanhã no Joe's?**

Mal acabei de enviar e Isabella já respondeu que sim. Um alívio se instaurou em meu ser. Ela não me odiava tanto quanto eu imaginava.

Ainda restava toda aquela consideração e amizade que construímos na adolescência. Queria que Isabella fosse minha madrinha. Não conseguia imaginar ninguém melhor do que ela. Na realidade, sabia que não tinha ninguém além dela para convidar. Provavelmente Jéssica, mas ela não era muito fã do Peter, e ele também não ia muito com sua cara. A chamava de vagabunda várias vezes ao dia.

Claro que Isabella também não era membro do clube de amores do Peter. Ela não o suportava. Algumas vezes, tive medo de que ela avançasse em cima dele como um cachorro e o cobrisse de murros de tanta raiva que sentia de algumas atitudes dele. Só que — apesar de todos os pesares — Isabella era uma amiga leal, gentil e compreensiva. Todos aqueles anos que ficamos sem nos falar, ela sempre perguntava como eu estava e fazia o mínimo pela nossa amizade.

Um sentimento de culpa permeou em minha cabeça. Eu deveria ter sido assim para ela também, mas fui egoísta e me deixei levar pelas cobranças do meu namorado. Na verdade, meu noivo. Mas aquilo são águas passadas. Vamos nos casar e tudo irá mudar.

O barulho de passos no corredor me despertou dos devaneios. Minha porta se escancarou e, rapidamente, ouvi os gritos da minha mãe, que devia estar tão perplexa com meu noivado quanto eu fiquei.

— Que raios aconteceu, Gabriela? Noiva? — sua voz embargada denunciou sua insatisfação. — Isso não é precipitado demais?

Minha mãe era minha verdadeira confidente. Sempre fomos do tipo que dividíamos tudo uma com a outra. Mas, de uns tempos para cá, vinha a evitando, porque ficou desconfortável compartilhar certas coisas. Mas eu não deveria ficar *desconfortável* com minha mãe. Não entendia o que estava acontecendo.

— Ele pediu — tentei falar, animada. — E não vamos casar amanhã e nem semana que vem. Ainda vai demorar …

— Querida… — Os olhos castanhos de minha mãe piscaram, tristes. — Até onde me lembro, você e Peter não estavam passando por momentos muito bons.

Um breve silencio permeou entre nós e me perguntei se ninguém conseguia simplesmente ficar feliz com minha felicidade.

— Eu sei, mas nós vamos conseguir consertar. — Escolhi jogar panos quentes para não discutir. — Todos os casais passam por situações ruins e passam por cima. O amor cura.

— Sem dúvidas. — Ela se sentou à beira da cama e segurou minha mão. — Mas não dá pra passar para uma fase adiante se a anterior está ruim. É como tentar correr sem aprender a andar.

— Nós sabemos andar — falei, sentindo-me exausta.

— Mas ainda não sabem correr... — ela completou.

A analogia da minha mãe me fez questionar muito. Talvez fosse apenas uma preocupação de mãe. Ou, quem sabe, a síndrome do ninho vazio. Li a respeito disso na semana passada em um artigo que dizia sobre como os pais sofrem quando veem os filhos crescendo e deixando a casa que moraram com eles por tanto tempo.

Minha mãe não era do tipo coruja, que ficava no meu pé, mas ela também não era fria ao ponto de não se importar em como a filha estava. Apesar de eu não desabafar mais com tanta recorrência, ela conseguia me lê perfeitamente. E sabia que algo estava errado. Talvez minha mãe já tenha enxergado o que eu me recusava a ver.

Ela tinha razão, eu não poderia me casar. Não estava pronta. Peter não estava pronto. E sabia que ambos reconhecíamos isso, mas era tão duro aceitar a verdade. Mamãe estava sendo inteligente em me aconselhar. Já eu? Estava apenas evitando pensar sobre o assunto a qualquer custo.

— Depois que casa, piora — ela completou, senti a raiva borbulhar dentro de mim, porque percebi seu timbre mais firme dessa vez. — Você sabe disso, pois já lhe falei. Casamento não salva namoro. Assim como filhos não salvam casamento.

Andei em direção ao banheiro na tentativa de ignorar a conversa. Detestei-me por fazer aquilo justamente com minha mãe, porém era altamente desgastante saber que já havia aceitado o pedido e não tinha como voltar atrás. E mais, sabia da raiva que correria nas veias do meu noivo quando eu decidisse romper com sua proposta. Eu não suportaria nem imaginar o que ele seria capaz de fazer.

Thomas

ENTREI NO JOE'S FUGINDO DO TEMPORAL. AVISTEI ISABELLA ESperando-me com um sorriso no rosto. Sua expressão era quase animada. Como ela podia estar feliz diante de tudo que estava acontecendo? Sentia-me mal-humorado e aborrecido. Era quase possível ler CÃO RAIVOSO na minha testa em verde neon.

Antes de ir até a mesa em que ela se encontrava, peguei um café expresso puro, sem açúcar. Tomei o gole de uma vez, como se fosse um shot de tequila. Queria, na verdade, tomar um álcool daqueles, que descia ardendo na garganta e atormentava o cérebro. No entanto, eram 8:45 da manhã e eu não pretendia me tornar um alcóolatra. Portanto, contentei-me com minha boa dose de cafeína, pois não dormi a noite inteira e seria um desafio conseguir me manter de pé o dia todo. Ainda mais depois do que aconteceu.

—E então, como está esse pobre coraçãozinho? Cheio de buraquinhos? — ela perguntou assim que me aproximei, tomando um gole do seu chá de hibisco.

— Não vejo graça. — Bufei de raiva. — Qual é o seu plano?

— Vou ter que falar rápido, Gabriela deve estar chegando daqui a pouco. Combinei de falar com ela, mas te garanto que algo está cheirando mal nessa história, Beck — Isabella comentou em um tom mais interrogativo. — Provavelmente ele aprontou algo e quer segurá-la com um anel.

Uma faísca se acendeu em minha mente. Fazia todo sentido. Mulheres tinham um dom FBI dentro delas. Sou incapaz de duvidar. Seu sexto sentido aguçado provavelmente conseguiria desvendar até o mistério do assassinato do Presidente Kennedy. E, naquele instante, percebi que sua teoria poderia ser certeira.

— Você é uma gênia. — Vibrei como se fosse um Gol do Messi na final da *Champions League*. — E agora? O que faremos?

— Você não vai pensar em nada? — Ela deu de ombros. — Ok. A cabeça de uma mulher pensa por dois. Escuta, já programei tudo. Preciso que vigie ele e descubra com quem ele está a traindo. Claramente a mulher deve estar o chantageando...

Ouvi atentamente cada palavra que ela disse. Porém, em algum momento, comecei a olhar sua boca umedecida e seus lábios carnudos . Precisava focar a atenção, mas era praticamente impossível. Isabella tinha um sex appeal de parar até mesmo uma padaria antes das nove da manhã. Seu cheiro exalava no ambiente e sua beleza quase cegava. Não sabia bem se era porque estava há quase 1 semana sem transar, mas fiquei excitado a olhando falar sobre seus planos.

Em segundos, meus olhos passearam por seus peitos. Estavam maiores do que eu me lembrava. Não parecia silicone, provavelmente ela deu uma encorpada e estava mais gostosa do que já era. Tentei não olhar para o seu decote, mas virou uma luta. Minha boca aguou e senti que ia babar se continuasse encarando-a. Pela graça, fui interrompido por seu grito histérico e então me lembrei porque nunca demos certo.

— Thomas Beck, será que você pode pelos raios parar de ficar me encarando e prestar o mínimo de atenção? — Ela pousou a xícara na mesa com tanta raiva que pensei que ia quebrar. — Escuta, isso só vai funcionar se você me ajudar.

— Entendido, comandante. — Fiz um cumprimento militar. — Você poderia repetir a última parte? — Minha boca estava salivando e ela percebeu.

O seu olhar relutante logo se amoleceu e notei que também queria o mesmo que eu. Obviamente, sexo. Na pior das hipóteses, mesmo se não conseguisse acabar com o noivado de Gabriela, pelo menos iria trepar com sua ex-melhor-amiga.

— Preciso que siga ele — ela finalizou, depois de muito blábláblá.

— Como se eu fosse um detetive ou coisa do tipo? — perguntei, confuso.

— Tipo isso. — Ela riu do meu espanto. — Vocês são melhores amigos, então não vai ser difícil. Basta ficar de olho e começar a analisar. Do jeito que ele é burro quando ganhar sua confiança vai contar tudo.

Dessa vez — de fato — ouvi atentamente cada palavra que saiu de sua boca. Mas fui interrompido por Freddy, um grande amigo que estudou na mesma turma que eu, mas, infelizmente, teve que trancar a matrícula porque teve um linfoma. Ele perdeu dois semestres da faculdade, mas melhorou.

— E ai Beck, como tá? Nunca mais tomamos uma cerveja juntos. —Ele apareceu, dando-me um forte abraço.

— Qual é cara, você está incrível. O cabelo maior que o meu. — Tentei descontrair, pois não sabia se ele curtia muito falar sobre o câncer.

— É, pra você ver. Cresceu rápido, até. — Sorri para ele e desarrumei seu cabelo. — Sábado vou fazer uma festa na casa nova. Se quiser aparecer…

— Becker, saí daqui! — Isabella ordenou.

Meus pensamentos se anuviaram quando encarei a porta. Minha miopia desapareceu, e minha ficha caiu de imediato, sabendo que estava em apuros. Quando me virei, vi Gabriela cruzando a calçada e entrando no Joe's. Agradeci a Santa Salvadora que Freddy veio falar comigo, pois se ela tivesse me visto com Isabella, as coisas não iriam dar certo e desconfiaria de algo.

Fiquei de pé e caminhei até o balcão, puxando meu amigo para saber mais sobre sua vida. Dei uma olhadela rápida e vi o rosto consternado de Gabriela, que puxou uma cadeira e se sentou, aos prantos, com Bella. Havia uma tristeza inconfundível em seu olhar. Fiquei desesperado, querendo correr atrás dela e fazer sua dor sumir. Mas sabia que só ela poderia se salvar.

Gabriela

Não sei o que te dizer, gostaria de começar pedindo desculpas — minha voz embargou e senti um amargor nas palavras. — Queria que as coisas voltassem a ser como eram.

— Gab, o que está acontecendo? Por que você aceitou esse pedido se claramente está insegura? — Isabela respirou um pouco mais fundo antes de continuar. —Você pode me falar, eu prometo não julgar.

Notei uma suavidade em sua fala, como se ela quisesse saber de tudo e me proteger. Mas como explicaria o que nem eu sabia que estava acontecendo? Pela manhã, enviei uma mensagem para Peter querendo conversar sobre esse pedido que, como minha mãe disse, foi precipitado. Mas só de ler sua mensagem, já me tremi de medo. Eu estava em uma encruzilhada.

Sentia como se meu namoro passasse a todo momento por três fases. Primeiramente, a tensão. Tinha medo de falar qualquer coisa com ele, pois poderia ser mal interpretada. Logo depois, a explosão. Não importava, ainda que eu estivesse certa, nossas brigas tinham uma dimensão estrondosa. Era como se nada que eu dissesse, fizesse ou quisesse fosse digno. E por fim, encerrava-se na fase da lua de mel, onde tudo estava perfeito e me sentia nas nuvens. No entanto, estava cada vez mais difícil chegar naquele lugar.

Em vez de desabafar, fugi das perguntas de Isabella. Porque não importava o quanto ela fosse compreensiva, jamais entenderia o que se passava em meu coração. Olhei para o lado e vi Thomas me encarando, com uma expressão cautelosa. O que ele fazia ali? E por que sequer foi me dar os parabéns?

— O que está olhando? — Isabella perguntou, notando que encarava Thomas.

— Ele não me parabenizou pelo noivado. E era o único que estava presente no momento. — Enfiei uma barrinha de proteína na boca e dei meu jeito de me esquivar de suas perguntas.

— Ele deve estar preocupado com você — ela comentou, baixinho. — Assim como eu.

— Não precisa se preocupar, está tudo bem. — Forcei um sorriso.

— Você chegou aqui aos prantos, Gabi. — Ela me encarou, nitidamente preocupada.

— Vai ficar tudo bem. São muitos sentimentos misturados… — menti. —— Como você sabe que Thomas está preocupado? — indaguei.

Curiosamente, Isabella e Thomas estavam no mesmo lugar. E, pelo que os conhecia, era algo praticamente impossível, porque se detestavam e viviam brigando. Logo depois da minha pergunta, eles trocaram olhares preocupados, o que aumentou minha desconfiança.

— Vocês voltaram a se falar? — questionei.

— Não — ela garantiu. — Mas nos esbarramos as vezes e nos cumprimentamos. Não tenho mais 18 anos para fingir que não o conheço. Mas para de fugir do assunto. O que está acontecendo?

Frustrada, apertei os olhos várias vezes para não abrir a torneira das lágrimas. Soltei um suspiro longo e lento, determinada a mostrar as cartas para minha ex-melhor amiga e, quem sabe, ela conseguisse me ajudar a clarear as ideias.

— Me sinto completamente perdida. E, francamente, não gosto disso. Eu deveria ter forças para conversar sobre essas questões com meu namorado. Mas não tenho paciência, Bella. Sempre brigamos e parece que nada que eu faço está bom.

— Ele te domina psicologicamente. — Bella sacodiu a cabeça em negação. — E você, acha que tudo que faz é ruim?

— Honestamente? Não sei. — Isabella me encarou com seriedade e tentei reorganizar o que queria dizer. — Na verdade, eu acho que não estou errada. Mas ele sempre me prova que estou, entende?

— Que tipos de prova?

Não estava preparada para dividir aquilo com alguém. Peter sempre falava que não era bom conversar com minhas amigas sobre a nossa relação, porque elas jamais entenderiam o que estávamos vivendo. Em partes, concordava com ele. Afinal, sempre que falamos mal do nosso namorado e depois nós nos resolvemos, o nosso ranço passava, mas e o das amigas? Era eterno.

No entanto, sentia-me tão perdida e infeliz, que não tinha mais razão para não pedir conselhos a Isabella. Ela sempre foi muito mais decidida e bem resolvida do que eu. Nunca teve medo de estar sozinha e nunca se desvalorizou para ficar com ninguém, até mesmo com Thomas. Sempre achei que ela ainda fosse perdidamente apaixonada por ele, mas, de toda forma, nunca deu o braço a torcer com recaídas ou sofrimento.

Isabella tinha algo que faltava em mim, e talvez em boa parte das mulheres que conhecia: Autoconfiança. Ela entendia que seu valor era único e que a moeda de troca tinha que ser igual, ou até maior. Do contrário, ela caía fora. Talvez aquilo fosse só um personagem durão e ela chorasse no banheiro, ou assistindo filmes de comédia romântica agarrada em um pote de *Nutella*. Mas, de qualquer maneira, ela não demonstrava se arrasar por um homem. Ela se vestia de mulher poderosa e talvez fosse por isso que seus relacionamentos não seguissem de acordo com o script. Pois, **poucos homens estavam emocionalmente disponíveis para lidar com alguém que se amava mais do que a um relacionamento.**

— Você acha que ele estava certo quando fez a gente brigar? — ela questionou, envergonhada.

— Não brigamos por causa dele, Bella. — Inspirei um pouco e enchi os pulmões. — Já não estávamos indo bem.

— Isso é mentira, ele te fez acreditar nisso. — Seu olhar era ardente, e seria capaz de queimar Peter se estivesse presente. — Você não confia mais na sua memória. Somente no que ele te diz.

— E o que você quer que eu faça? — supliquei por ajuda. — Ele me assusta! — Deixei escapar.

— Se liberte, amiga. — Ela segurou minha mão com força. — Você não está sozinha, nunca esteve. Precisa apenas de coragem. **Você será capaz de existir mesmo que não exista mais um relacionamento.** Isso não é saudável. Você acha que só consegue viver ao lado dele, mas não porque realmente sente isso, e sim porque ele fez algum tipo de lavagem na sua mente, que te faz pensar dessa forma.

Meu coração batia com força. Não consegui controlar mais. Ficamos em silêncio por um momento. Tempo suficiente para olhar para o lado e ainda ver Thomas tentando prestar atenção em minha conversa. Com um sorriso forçado, ele se levantou e saiu do ambiente. E, de alguma forma, senti vontade de correr atrás dele e pedir por ajuda. Como se ele fosse o único capaz de me proteger.

— Preciso ir, tenho aula. — Levantei-me. — Ei, o que você vai fazer no final de semana?

— Não faço ideia, ainda é quarta-feira. — Bella fez uma longa pausa. — Pensou em fazer algo?

— Vai ter uma festa na casa de uns caras, se quiser, podemos ir. Todos nós.

— Parece bom. Vamos nos falando.

Não gostava de festas, mas evitar ficar a sós com Peter era uma boa alternativa para tentar encontrar um meio de escapar daquela situação.

um relacionamento abusivo é como UM TÚNEL. Você não ENXERGA O FIM, mesmo que ele já esteja próximo. É difícil sair disso, pois você já está contaminada demais com TUDO QUE VIVEU.

Duda Riedel

12
Thomas

IGNOREI GABRIELA DURANTE TODA A AULA. FUGI DE SEU OLHAR E me mantive distante o tanto que consegui. Normalmente, fazíamos dupla juntos, mas resolvi fazer com Matt, um amigo em comum que tinha com Peter. Ele ficou tão surpreso quanto eu a respeito do pedido de casamento. Ninguém em sã consciência conseguia concordar com aquilo.

Matt era do time de futebol de Peter. E, embora estudasse Medicina, conseguia se dedicar as duas coisas. Era quase que onipresente. O cara tinha notas excelentes, vida pessoal badalada e ainda era rico. Seu maior defeito, do meu ponto de vista, era ter pais muito conservadores. Tanto que ele se mudou e agora estava morando com outros caras, em uma casa gigante em um bairro nobre da cidade.

— Qual foi, não vai fazer dupla com Gabriela? — Dei uma risada, que foi o suficiente para ele notar meu desconforto. — Bizarro, cara. Mas se te conforta, ele meio que recebeu uma proposta de jogar profissional.

— Tá falando sério? — Fiquei surpreso porque Peter não me falou nada.

— É, esses dias um olheiro de uma universidade de Portugal foi assistir a um treino. Talvez isso tenha dado uma certa segurança e ele queira meio que prender a garota, para não acabarem pela distância, sabe?

Balancei a cabeça em negação. Gabriela passou por nós me encarando e fiquei sério. Sabia que deveria agir com naturalidade, mas não dava para disfarçar. E, também, ainda não tivera oportunidade de um momento a sós com ela. Não estava evitando, seria imaturo e idiota. E eu não era nem imaturo e nem idiota. Talvez somente o primeiro.

— Só não fala que eu te avisei, ok? — ele sussurrou e me lançou um olhar de preocupação.

— Pode ficar tranquilo. — Apertei os dentes, vendo Gabriela se aproximar mais uma vez. — E você sabe se esse convite é coisa certa?

— Parece que sim. Eu também fui convidado. — Matt suspirou, derrotado. — Mas meus pais jamais me deixariam morar longe. Já saí de casa antes de casar e isso foi um escândalo. Não acho que Peter vá desistir, é uma oportunidade muito boa. Nada o prende aqui, talvez apenas a Gabriela. E, francamente, ela já vive presa a ele.

Morar fora do país e com uma bolsa de estudos na Europa me parecia algo bem vantajoso. Além disso, Gabriela jamais suportaria viver um namoro à distância. Ela acabaria na primeira oportunidade e Peter não teria motivos para não terminar também. Claro que ele a amava, não duvidava desse amor. No entanto, no fundo, ele amava muito mais a sua *pseudovida* de jogador de futebol e transar em um *EuroSummer* regado a álcool e maconha. Apesar da proposta ser uma boa possibilidade para ele tê-la pedido em casamento, ainda não me convencia. Aquilo parecia mais ser chantagem de mulher, como Isabella mesmo falou.

Arrumei minhas coisas e desci os degraus com Matt. Nós nos separamos logo depois dele ir para o estacionamento. O professor da aula final desmarcou de última hora, então estávamos livres. Eu deveria ir para casa, adiantar um pouco da matéria atrasada, mas tinha que vigiar Peter, como Isabella ordenou.

Eram 17h, lembrei que a Gabriela me contou que toda quarta-feira ele estudava na biblioteca da faculdade. Perfeito! Eu iria lá, conversaria com ele e descobriria tudo sobre a bolsa de estudos. Não era muito difícil arrancar segredos de Peter. Ele não conseguia esconder nada de ninguém. Seu ego sempre falou mais alto.

Cheguei na biblioteca e procurei por todas as cabines de leitura. Ele não estava em nenhuma. Será que o cara mentia até sobre isso? Não poderia ser. Liguei para a mãe dele e ela me confirmou que ele estaria aqui. Ele se enfiou em algum lugar. Olhei para a recepcionista e pedi informação.

— Oi, tudo bem? Eu estou procurando uma pessoa. Peter Dias. Você consegue confirmar se ele já entrou na biblioteca?

— Infelizmente não posso passar informações sobre os alunos — respondeu e virou de costas para mim.

— Eu sei, mas eu sou seu monitor e o celular dele está sem bateria, pelo visto. Não quero perder tempo se ele não estiver aqui, entende? — Ela olhou novamente e senti que ganhei sua confiança. — Só preciso saber se ele já saiu ou coisa do tipo.

— Ele está na sala em grupo, acho que esperando você.

Não, ele não estava me esperando. Ele estava esperando alguém e como bem conhecia meu amigo, não era um professor ou coisa do tipo. Sentei-me na cadeira ao lado da porta e fiquei observando quem iria chegar. Estava me sentindo um agente do FBI, tentando desvendar um mistério. Cerca de dez minutos depois, vi Jéssica entrar na biblioteca e me escondi mais ainda. Ela não poderia saber que estava espionando Peter e tentando convencê-lo a terminar com a Gabriela. Mas, então, o pior aconteceu: Jéssica entrou na sala em grupo. Por um instante, fiquei sem entender nada.

Minha garganta secou no mesmo momento em que meu coração acelerou. De olhos arregalados, pensei: Que diabo Jéssica estava fazendo em uma sala sozinha com o namorado, que ela tanto achava cretino, da amiga? Na melhor das hipóteses, ela estava mesmo estudando com ele. Mas, honestamente? ESTUDANDO O QUÊ?

Eu poderia estar delirando e vendo coisas onde não tinha. Porém, COMO NÃO PENSAR? Jéssica fazia Medicina e o Peter fazia merda. Não teria motivos para ela estar ensinando qualquer coisa para ele. A única coisa que me passava pela cabeça era que eles deveriam estar aprendendo anatomia juntos. *Que vergonha.*

Eu precisava dar um jeito de entrar na sala e ver o que estava acontecendo. Olhei para o faxineiro, que passava quase desapercebido ao meu lado, e vi que ele usava um boné. Tirei cinquenta pratas do bolso e ofereci em troca. Ele deu um sorrisinho de canto, recusou o dinheiro e apenas me entregou. Observei as cadeiras da frente e vi um dos meninos que estudou na escola comigo, ele estava usando óculos de grau, estilo de leitura.

— E aí, George— sussurrei. — Você pode me emprestar seus óculos rapidinho, só pra eu dar um susto no Peter?

— Fala grande Tho, caramba, nunca te encontro pela faculdade — ele disse, meio incrédulo. — Fiquei sabendo que o moleque vai casar, que demais! Eu sigo namorando a Virginia, mas não temos planos, sabe? — Sua fala me cansou e se tornou mais longa do que o esperado.

— Caramba, faz bastante tempo...

— É, estou morando com Freddy e Matt. Vamos dar uma festinha pra inaugurar a casa nova esse final de semana. Você vai?

— Pode ser. Não sei ainda o que vou fazer. — Soltei um ruído impaciente, George confirmou com a cabeça.

— Aqui, os óculos. Só não mata o cara do coração com esse super disfarce. — Ele deu uma batidinha no meu braço, debochado.

E eu só queria acabar logo com aquele mistério. Colei o ouvido na porta lateral de madeira e torci para que ninguém visse aquela cena bizarra. E, então, nem precisei de esforço para ouvir a discussão. Eles estão aos gritos, como se fossem dois namorados. Mas, como poderiam ser, se ele namorava a amiga da garota? Eu nunca tinha visto sequer os dois se falando, muito menos se cumprimentando.

— Peter, você pediu ela em casamento, o que você tem na cabeça? Você me prometeu que iam terminar. — Sua voz era estridente.

— Não deu, amor... — AMOR? Quem chamaria a amiga da namorada de amor? — Mas, escuta, eu e você vamos ficar juntos ainda. Só me dá mais um tempo.

— Já estamos nessa há mais de um ano e você continua me enrolando. — A realidade nunca foi tão dura e inacreditável para mim.

Detestei ouvir aquilo. Estava tão enjoado que seria capaz de vomitar em cima dos dois. A cara de pau de ambos estava em um nível acima, que eu jamais imaginei presenciar. Nem foi necessário ver com meus olhos aquela cena patética, bastou ouvir dois segundos de conversa que a raiva invadiu meu corpo.

Corri em direção a porta de saída e procurei o primeiro lugar para me sentar que vi pela frente. As pernas trêmulas não se aguentavam em pé. No fundo, no fundo, eu sempre achei que Peter tivesse uma amante. Mas uma dupla traição nunca passou pela minha cabeça. Como vou conseguir conviver sabendo disso? Como vou conseguir olhar para Gabriela sem ter uma vontade imensa de avisar que seu noivo era um desgraçado que a traía com a amiga? Abri a mochila e peguei uma garrafinha de água. Dei um longe gole, antes de pensar no que fazer.

Por alguma razão, achei que era melhor não contar sobre aquilo para ninguém. Talvez, se Isabella soubesse o que estava acontecendo, cortaria o pau de Peter a sangue frio. Eu também tinha essa vontade. Mas não podia agir com emoção, precisava pensar.

Mantive a atenção no celular. Digitei a primeira coisa que veio à minha cabeça e enviei para Peter. Não havia desconfiança ou agressividade nas minhas palavras. E nem sinal de que queria partir sua cara ao meio, de tanto ódio.

> Saí da clínica mais cedo, tá afim de jogar minecraft? E talvez bater um papo sobre nossas vidas...

Como Peter era um sujeito prático, não esperava que ele desse pinta por uma mensagem. Então, o "sim" dele já era o suficiente para que eu me deslocasse para sua casa e segurasse meus ânimos, para não deixar escapar nada. E foi exatamente o que fiz assim que sua resposta surgiu na tela do meu celular. Chegando lá, subi no seu quarto, que estava uma completa bagunça. Ele ainda não havia chegado em casa, mas a senhora Liz me deixou esperar lá em cima.

Sentei-me em frente a televisão, em uma cadeira de *gamer*, e abri a gaveta com os discos de jogos. Peter tinha muitos jogos, principalmente de futebol, e fui passando um por um para ver se algum me interessava. No meio daquela absurda coleção, encontrei uma caixa que parecia colada. Forcei um pouco e, de repente, encontrei uma cartela de remédios. Não precisava estudar Medicina para saber que ele estava escondendo aquilo isso. Olhei mais um pouco e me dei conta de algo que não esperava mesmo encontrar: *Drogas*.

Mas não era nada tipo maconha, cocaína ou ecstasy. Embora não duvidasse que Peter usasse também. Eram remédios conhecidos, que prometiam melhorar o aperfeiçoamento e resultado no treino. Estimulantes para que ele tivesse um desempenho acima da média. Peter fez jogos espetaculares nos últimos meses. Não era à toa que fora convidado por aquele olheiro. Só que, como sempre, ele usou artimanhas, deu seu próprio jeitinho. Como em tudo na vida.

Peguei o celular e tirei fotos de todas as provas necessárias. Precisava ter aquilo comigo. Meu coração parou no momento que ouvi o som das suas botas, subindo pelas escadas.

— Cara, que merda é essa? — Meu coração só faltava sair pela boca ao ouvir a voz de Peter.

o amor continua

sendo FERMENTADO mesmo depois de anos. No entanto, se em algum momento te faltar isso, acredite... SEU NAMORO SOLOU como um bolo. Não tem como seguir um relacionamento SEM DEDICAÇÃO.

Duda Riedel

13
Thomas

QUASE FUI PEGO, MAS LOGO PERCEBI QUE ELE ESTAVA DANDO risada. Quando seu humor mudou, respirei aliviado. Estava prestes a dar início a provável segunda Guerra Fria.

— E aí, começou a jogar sozinho? — Ele tirou a mochila das costas e se posicionou ao meu lado. — Que saudades de você, eu sei que nos vimos ontem, mas temos conversado pouco.

— É, não sei mais nada a seu respeito... — Sorri. — Casar? — Arqueei as sobrancelhas e soltei uma gargalhada casual

— Pra você ver, me tornei um rapaz sério...

Ele tirou a camiseta e vestiu uma blusa furada do time. Ligou a TV e colocou uma partida. Seu entusiasmo era perceptível, mas não consegui identificar o porquê. Então, tentei aliviar a distância e resgatar a intimidade que perdemos.

— Vai vender sua arte na praia pra se sustentar ou tem planos? — Seus músculos se contraíram. — Provavelmente você tem um plano B. Sei que tem.

— Tenho — ele respondeu, dando uma piscadinha. — Fui convidado para uma bolsa de estudos na Europa.

— Que demais! — Tentei parecer surpreso. — Você espera que Gabriela vá junto? Pera aí, ela já sabe disso? — Fiz-me de sonso.

— Sei que ela não iria... — Ele deu de ombros. — Por agora. Quem sabe mais para a frente. E, com um noivado, ela saberá que é sério e não vai pular fora. Pode fazer uma especialização por lá, sei lá.

O cara era tão cretino que não pensava no futuro dela, só se preocupava com o próprio umbigo. Com a expressão fechada, tentei demonstrar o mínimo de felicidade. Só que Peter percebeu que não fiquei nem 1% satisfeito com seu comentário. Por isso, procurei levar o assunto de forma amigável, sem quebrar seus dentes da frente. Merecia um troféu pela resistência.

— Tem algo a mais que você não me contou? — Meus lábios se curvaram em um sorriso irônico. — Te conheço o suficiente para saber que você está doido para me contar alguma coisa. — Ele ameaçou dizer, vi sua boca tremer por um segundo, mas logo desistiu. — Qual foi P., somos amigos desde quatro anos de idade. Não vou te julgar.

Ele parou, deu pause no jogo e se virou para mim, colocando uma das mãos nos cabelos, de forma nervosa.

— Tem uma pessoa, eu fiz merda e traí a Gabriela. Não foi nada demais. — Queria fuzilá-lo com o olhar, mas me contive. — Digo, foi uma traição qualquer e me arrependo. Só que agora ela tem me cobrado um relacionamento e, honestamente, estou de mãos atadas.

Perguntei-me se ele estava falando de Jéssica. Parte de mim esperava que não. Mas era óbvio que estava, Thomas, pare de ser idiota. Não podia cair na lábia daquele moleque fingido.

Suspirei, desanimado, e Peter passou os próximos dez minutos descrevendo o quanto foi trapaceado pela tal garota. Ele tinha total noção da sua falta de caráter e usava justificativas tão sujas que desconfiei que nem ele próprio pudesse acreditar. Sem paciência para aquela ladainha, o interrompi:

— E Gabriela conhece a garota? — Ergui o corpo, saltando da cadeira, pois era incapaz de olhar nos seus olhos.

— Mais ou menos. — Lancei um olhar irritado em sua direção e cerrei os punhos. — É apenas da faculdade. — Ele corrigiu e pude ver a mentira em cada sílaba que saía de sua boca. — Fui enfeitiçado, cara. Me arrependo, tá? Agora preciso fugir disso. Gabriela não suportaria outra traição.

Gabriela não *merecia* outra traição. Senti vontade de o corrigir, mas precisava bancar o amigo compreensivo, então me contentei em seguir com o personagem.

— Por que você a trai, se diz que a ama? Digo, eu presumo que você a ame de verdade. — Sentei-me novamente na cadeira e bebi um copo de água, para aliviar a secura da garganta.

— Não sei. Gabriela as vezes não me corresponde, se é que me entende. — Ele apertou o pau de forma extremamente primitiva. — Preciso me saciar, cara, você sabe como é.

— Sei bem... — Na verdade, eu não sabia, jamais seria capaz de trair a mulher que amava.

— Então, posso contar com você? — ele perguntou, e me senti fazendo um pacto com o diabo. — Me safa dessa, tenta ajudar ela a aceitar isso. Ela já quer dar para trás, hoje de manhã mandou mensagem querendo conversar.

— Encontrei com ela e a Isabella no Joe's hoje cedo... — Deixei escapar e logo me arrependi.

— Ela voltou a falar com essa vadia?

Não respondi. Seus olhos ficaram vermelhos e se voltaram para a televisão outra vez, tentando se concentrar. Ele odiava Isabella por tudo que ela fez para tentar acabar com o relacionamento deles. E claro que eu sabia.

— É bom pra Gabriela ter uma amiga presente. Ela já se afastou de muita gente. — Fiz uma pausa, em uma tentativa de enfiar algo de bom na mente dele

— A única vez que ela me deixou em paz foi quando vocês quase namoraram... — Forcei-me a concordar.

Isabella estava tão hipnotizada com nosso "namoro" que não sobrava tempo para dar conta de Gabriela. Não que ela não percebesse o Titanic que sempre foi o relacionamento da melhor amiga, mas ela estava ocupada demais se divertindo comigo.

— Tenho uma ideia. — Ele apertou os lábios. — Se vocês voltassem a ficar juntos, quem sabe ela parasse de atormentar a minha garota.

Simplesmente, detestei toda a construção daquela frase. Desde ele achar que eu iria concordar em me relacionar com uma mulher só para ajudar naquele plano imbecil de enganar Gabriela, até chamar ela de "minha garota". Ela não era propriedade dele.

— Não vai ser difícil, cara — ele continuou, devagar. — Encontrei com ela esses dias no shopping, estava com uns peitões. — Não fui o único que percebeu.

— Tô sabendo. — Dei uma risada, sem jeito. — Mas o que exatamente quer que eu faça?

— Apenas saia com ela e adestre essa safada, para ela parar de se meter na vida dos outros.

Toda vez que achava que Peter era inofensivo, alguma coisa de ruim saía de sua boca e me provava o contrário. Ele era extremamente asqueroso.

— Não parece ruim. — Entrei em seu jogo. — Acho que ela ainda tem uma quedinha por mim.

— Obrigada, cara. Vai me salvar de uma boa. — Peter dá uma batidinha no meu ombro, e voltamos a jogar.

Foi uma luta passar as próximas horas com Peter, mas me esforcei. Nas últimas semanas, tinha percebido tanto a respeito do seu caráter duvidoso que se tornou até tóxico estar ao seu lado.

Saí de lá já enviando uma mensagem para Isabella. Sentia-me na obrigação de dividir a maluquice de Peter com ela. Mas, controlei-me para não dar tantos detalhes e nem falar com quem ele estava traindo Gabriela. Antes de chegar em casa, ela já havia me respondido e dei até uma risada quando a mensagem surgiu na tela do celular. Nunca nos entendemos tão bem quanto nos últimos dias.

> 1) Nojo de tudo que esse cara fala. Ele deve ter sido educado por trogloditas.

> 2) QUEM É A GAROTA COM QUEM ELE ESTÁ TRAINDO? Precisamos descobrir já.

Repensei algumas vezes antes de desistir de contar *mais uma vez*. Prometi a mim mesmo que tornaria as coisas menos dolorosas para Gabriela. E, certamente, se eu contasse a Isabella, não iria durar nem meio minuto para que ela despejasse tudo para a Gabi. Então, tentei mudar de assunto e contar a segunda parte mais bizarra daquilo tudo, já que eu estava me segurando para não contar a primeira.

> Ele quer que eu dê em cima de você.

> Você já faz isso naturalmente... 🙂

> Tá de sacanagem? Não dou em cima de você!

> Encarou muuuuito meus peitos hoje cedo, querido.

> Eles estão realmente muito grandes. Só apreciei.

Senti o wi-fi do tesão fazer uma ligação direta para o meu pau. Não sabia o motivo de estar com tanto tesão. Precisava bater uma para parar de fantasiar coisas absurdas. Sem dúvida, devia ser carência. Nunca passei tanto tempo sem transar. Desde que me dediquei a salvar Gabriela daquele relacionamento, deixei de lado um pouco minhas vontades.

Passaram-se cinco minutos desde a última mensagem e Isabella não me respondeu. Será que fui direto demais e ela não gostou? Nunca sabia qual era a melhor forma de tratá-la. Sempre pisava em ovos para que ela não viesse com algum discurso que me desestabilizasse e me fizesse sentir o pior cara do mundo. Por sorte, antes que o remorso tomasse conta dos meus pensamentos, ela respondeu:

> E pra que ele quer que você faça isso, exatamente?

> Disse que quando você está apaixonada não enche o saco da Gabriela.

> Cretino. Mas não mentiu. O que você combinou?

> Que talvez eu faça isso, mas óbvio que ele não sabe que já estou fechado com você.

> Perfeito! Ele vai ter o que merece.

> Então, eu posso?

> ?

> Fingir que vou dar em cima de você.

> Fique à vontade.

Conhecia Isabella há alguns anos, sabia seu potencial para se apaixonar por mim. Embora isso fosse uma zona perigosa e eu estivesse brincando com a sorte, tudo seria em prol de um bem maior. De jeito nenhum iria zombar de seus sentimentos ou passar da linha. Seria difícil, mas teria um propósito.

o amor acontecia NOS ACASOS? Era difícil dizer. Às vezes, eu achava que o DESTINO ligava histórias que não poderiam TER SE CRUZADO.

Duda Riedel

Gabriela

CONFUSÃO PODERIA SER FACILMENTE MEU NOME DO MEIO. Mas estava um pouco exausta do papel de sofrida de novela mexicana que vinha interpretando. Andava tão para baixo que não me surpreendi quando olhei ao meu redor e não vi ninguém. Eu também não gostaria de conviver com alguém que tivesse uma energia tão negativa.

Algumas vezes, perguntei-me se um relacionamento amoroso era capaz de apagar a luz de dentro de nós. A resposta era clara: sim. Mas tínhamos o nosso próprio interruptor. O difícil era recuperar a energia para dar a volta por cima, seguir adiante e encontrar a luz. Ultimamente, fazia a linha sonsa e procurava não analisar meu grau de energia interna para não me decepcionar ainda mais.

O que mais poderia fazer?

Saí de casa no dia seguinte para a faculdade sozinha. Normalmente, às quintas, pegava carona com Thomas. Mas já que ele parecia me evitar a qualquer custo, decidi não forçar a barra. Porém, bastava encontrá-lo pessoalmente para que me subisse um calor pela espinha e uma vontade descontrolada de discutir.

Eu e Thomas não éramos do tipo que brigava. Não me lembrava da última vez que passamos meia hora sem nos falarmos. Só que já fazia mais de 24 horas que nem nos cumprimentávamos e não fazia ideia do motivo. Ontem, antes de dormir, repassei algumas de nossas conversas na mente antes de eu ser pedida em casamento e não me lembrava de um motivo para termos chegado naquela situação. Fui invadida pelo meu impulso e o peguei desprevenido, enchendo a garrafinha de água.

— Oi. — Por algum motivo, sentia-me estranha em cumprimentá-lo.

— Oi — ele respondeu, frio, e percebi que também devia sentir o mesmo.

— Algum motivo para isso estar acontecendo? — Girei a palma da mão, mostrando ao nosso redor.

— Beber água? — falou em um tom ainda mais sonso. — Sinto sede pela manhã.

— Você é ridículo — respondi, na lata. — Você é incapaz de ficar feliz pela felicidade alheia. — Cruzei os braços.— O que você quer dizer com isso?

Ele deu de ombros ao perceber que não respondi e andou em direção a sala de aula. No entanto, fiquei em frente à porta, o impedi de entrar. Era como se eu tivesse voltado alguns anos atrás, quando Peter me pediu em namoro e Thomas ficou alguns dias agindo estranho.

— Quero dizer que você ficou com raiva do meu pedido de casamento. Assim como também não gostou quando comecei a namorar. Seu egoísmo me impressiona.

— E você tirou essa ideia de onde? — Seus olhos fitaram os meus. — Acha que o mundo gira em torno do seu namoro? Ops, quero dizer, noivado?

— Não sei, me responda você. Está com raiva porque as pessoas estão evoluindo e criando uma família enquanto você transa toda semana com uma pessoa diferente? — Deixei escapar.

Os olhos de Thomas se estreitaram. Eu deveria ter falado em um tom mais suave e de reconciliação, mas logo fui invadida pelo monstro da raiva e fiquei extremamente agressiva. Pensei em me desculpar, mas seria em vão.

— Não que minha vida sexual seja da sua conta... E que eu saiba, você nem transa, então não deveria se importar tanto comigo. — Ele logo rebateu de forma ainda mais áspera, e a raiva me venceu. Como ele sabia que Peter e eu não estávamos transando? — Mas tô transando com sua ex-melhor-amiga, se quer saber... — Abri a boca, perplexa o suficiente para não assimilar a frase. — Não, melhor, estou fazendo amor com Isabella. Satisfeita?

— Desde quando?

Por alguma razão inexplicável, senti uma pontada de ciúmes. Ou seria inveja? Independente do sentimento, sabia que ele não era bom e que eu não deveria estar sentindo.

— Ela não é minha ex-melhor-amiga, ela é minha amiga — respondi, fazendo birra.

— Ótimo, então podemos ir ao cinema juntos, ou, quem sabe, ir no Joe's fazer um jantar romântico. Tive uma ideia melhor, que tal eu pedi-la em noivado também e fazemos um casamento duplo? — Ele piscou com o olho direito de uma maneira extremamente debochada.

A aula já devia ter começado, mas não estava nem aí. Detestava perder discussões, mesmo que não ganhasse um prêmio no final, gostava de sentir o prazer de ter razão. Porém, logo fui interrompida, pois Matt estava correndo atrasado e parou na nossa frente, esperando que desocupássemos a passagem.

— Eu não faço ideia do que está acontecendo, mas vamos nos atrasar ainda mais pra aula — ele advertiu.

— Matt, por que você não fala pro seu amigo Thomas, que ele é um cínico do caramba e incapaz de comemorar as conquistas alheias? — falei em terceira pessoa, encarando Thomas com toda a minha força.

— Matt, por que você não fala pra Gabriela que eu curti a maldita foto no *Instagram* e dei parabéns ao meu amigo? — ele rebateu.

— Então quer dizer que ele é seu amigo e eu não? — Mordi o lábio inferior para segurar o choro.

— Querem uma dica? Vocês estão precisando de sexo. — Matt interrompeu, colocando a mão na nossa frente.

— Eu transo! — respondemos juntos.

Não transávamos juntos, óbvio. Mas Matt deve ter entendido porque logo depois todos nós entramos na aula e ele passou o tempo todo dando risada. Em minha defesa, é claro que eu transava, transei terça-feira, inclusive. Não foi um sexo "uau, quero muito repetir", mas foi sexo. Não precisava de sexo, precisava de paz.

Thomas era um egoísta do caramba e nada tirava aquilo da minha cabeça. E de onde saiu o relacionamento com Isabella? Tudo bem que até ontem eu e ela estávamos sem nos falar há, pelo menos, 5 meses. A última vez que conversamos mais do que cinco minutos, foi quando ela me ligou para desejar feliz aniversário. Não podia exigir de uma amiga que ela se fizesse presente, ainda mais quando eu também não era.

Uma coisa que aprendi sobre relacionamentos, sejam eles amorosos ou de amizade, era que ninguém poderia implorar por dedicação se você também não dava o mínimo ao outro. Como você poderia cobrar do outro se não fazia a sua parte?

De toda forma, ontem me senti extremamente conectada com Isabella, como se tivéssemos encontrado aquela amizade de infância outra vez. E, levando em consideração que éramos amigas há mais de 8 anos, eu tinha total liberdade para saber se ela estava ficando com meu *ex*-melhor-amigo. Raios, odiava a palavra ex. Ainda mais quando ela se tornava recorrente por motivos tão banais. Peguei o celular e fui tirar a dúvida com ela:

> Thomas? Sério? Você mentiu para mim?

> Não queria contar antes dele, vocês são mais próximos. Mas sim, estamos!

Para que aquela empolgação? Totalmente desnecessária a exclamação no final da frase. Sua mensagem entrou como uma faca em meu peito. E o motivo era ainda mais bizarro do que o fato deles estarem juntos.

De certa forma, sempre gostei do Thomas nunca ter namorado sério com alguém. Era quase que como ele fosse uma propriedade minha. Nunca ficamos, então era como se aquela lacuna vivesse aberta dentro de mim. Sempre que ele começava a ficar um pouco mais sério com alguém, eu ficava triste, pois parecia que ele iria finalmente me superar e eu não queria isso. Apesar de ele nunca ter precisado superar porque, afinal, não tivemos nada além de algumas trocas de mensagens no passado.

Só que uma vez, Jéssica me disse que ele confessou bêbado que foi apaixonado por mim. Aquilo elevou meu ego em 200%. Sabia que não deveria, mas gostava do fato de ter Thomas sentindo uma quedinha por mim. Narcisismo? Talvez, mas também poderia ser exatamente o contrário. Eu que ainda gostava um pouco dele. Ok, quem estava sendo egoísta era eu. Sentia-me a pior pessoa do mundo. Que saco! O amor era para ser mais fácil.

A aula parecia não ter fim, o professor estava há aproximadamente 47 minutos falando sobre ética profissional. Minha cabeça parecia um puro e completo caos, não estava nem um pouco concentrada. Na verdade, não tirava os olhos de Thomas, que também não parecia prestar atenção na aula. Estava olhando para o celular e dando risada. O ciúme invadiu meu corpo de novo. Não gostava daquela sensação. Então, tentei me distrair conversando com Jéssica, que estava sentada ao meu lado.

— E então, essa festa na casa de Matt está de pé? — Tentei soar casual.

— Você vai? — ela perguntou, parecendo intrigada. — Não faz muito seu tipo esses eventos.

— Estou tentando coisas novas. — Deixei escapar com a maior naturalidade.

— Peter vai? — Sua voz falhou ao falar o nome do meu namorado.

— Ele não odeia você, se é isso que quer saber. — Engoli a mentira, pois sabia que Peter achava Jess uma vadia. — E sim, ele deve ir comigo.

Sua expressão se transformou em um mar morto. Os olhos me cravaram com tanta raiva que tive a sensação de que ela iria me estrangular. Mas logo ela voltou para um tom doce e compassivo, o que fez meus músculos relaxarem.

Não gostava do fato de todos ao meu redor odiarem meu namorado. Mas, tinha que confessar que já havia pulado de fase. Porém, desde o meu pedido de casamento, Thomas e Jessica estavam agindo diferente e eu não fazia ideia dos motivos.

— Thomas está com Isabella. — Joguei um pouco de conversa fora.

— De novo? — perguntou, espantada, e assenti com a cabeça. — Não entendo por que cargas d'agua vocês têm essa mania esquisita de se envolverem em relações fracassadas.

— Você faz o mesmo — respondi, dando risada.

— É, mas pelo menos tenho consciência disso — ela completou, seca, e dei de ombros, mudando de assunto.

amor não acontece dessa forma romântica de CONTOS DE FADAS que você espera. AMOR É UM PROCESSO, demora a se desenvolver e criar forma.

Duda Riedel

15

Gabriela

P ARA ONDE VOCÊ VAI?
Assustei-me com a voz de Peter enquanto me vestia com uma saia jeans curtinha. Estava me arrumando na casa dele para irmos à festa na casa dos garotos. Ele me olhou em tom de desaprovação e, antes que falasse qualquer outra coisa, pegou uma calça jeans mais frouxa que eu trouxe na mochila.

— Você fica muito melhor com esse tipo de roupa. — Ele acariciou meu rosto com a ponta dos dedos e troquei imediatamente.

— Vamos? Antes preciso passar no posto pra comprar alguma coisa para beber... — Tentei relaxar soltando o ar lentamente, mas foi em vão.

— Você não vai beber, vai? — Sua voz soou como uma ameaça. — Antes vamos passar pra pegar Isabella e Thomas. Eles estão na casa dela.

— Isso é sério? — perguntei, irritada.

— Que vamos dar carona? — ele devolveu e respondeu ao mesmo tempo. — Sim. E também é sério que eles estão juntos.

— Achei que fosse brincadeira.

Jurava que o namoro de Thomas e Isabella era uma piada. Já tinha visto aquela cena antes e sabia que eles não tinham nada a ver um com o outro. Embora, oficialmente, eu não tivesse visto os dois juntos, era só questão de tempo para acontecer, pois estávamos no carro, seguindo em direção à casa dela. Só de saber que seria obrigada a conviver com aquilo, fazia-me ter cólicas. E parecia que Peter fazia questão do relacionamento. Cruzar a cidade só para dar uma carona? Desnecessário. A festa iria acontecer há duas quadras daqui.

Não demorou muito para que tudo ficasse real, bem na minha frente. Paramos o carro na frente da casa de Bella e eles caminharam em nossa direção de mãos dadas. Avaliei a expressão apaixonada dos dois antes de focar em Peter.

— Não acredito que você seja a favor disso — sussurrei para ele.

Ele passou os olhos pelos dois e voltou a atenção para mim outra vez, encarando-me com um olhar mortal, que era capaz de me calar em um segundo. Isabella e Thomas entraram no carro, aparentemente animados.

— E aí, pessoal? Prontos para beber algumas tequilas? — Peter mostrou a garrafa com o líquido cor de âmbar que me fazia sentir náuseas só de pensar.

— Desde quando vocês estão juntos? — perguntei, de supetão e sem papas na língua, bem direta.

— Amor, que tipo de pergunta é essa? — Peter me repreendeu, como sempre. — Vamos deixar eles bêbados antes de se assumirem.

— Faz uns 10 dias, não é, Beck? — Isabella respondeu sorrindo.

Não conseguia levar a sério. Então soltei um riso contido, sem acreditar.

— Está duvidando, Gabriela? — A voz de Thomas invadiu o ambiente. — Achei que você torcesse para que eu começasse a namorar, me tornasse um cara sério…

— É — confessei. — Mas esperava que fosse de verdade.

— Está duvidando das minhas intenções com a Isabella? — Peter e Bella estavam dando risada, provavelmente achando que estávamos brincando, mas eu sabia que Thomas só queria me desafiar.

— Duvido das suas intenções com qualquer mulher — falei, ríspida.

— Não deveria. — O encarei para tentar arrancar a verdade em seu olhar, mas só consegui enxergar mágoa. — Eu seria incapaz de enganar alguém, trair a pessoa que eu amo ou machucá-la.

O sorriso torto que ele abriu me faz reprimir uma resposta. Sabia que Thomas detestava quando eu falava que ele não prestava com mulher. Devia ser um trauma pela maneira que seu pai largou a mãe. Ele nunca conversou sobre comigo, mas Peter já comentou a história algumas vezes. O pai de Thomas era um completo idiota. O abandonou junto com sua mãe e irmã mais nova e nunca mais apareceu. A pouco tempo ele descobriu que o cara estava casado, com dois filhos pequenos e morando em uma cobertura em Florença.

Eu sabia que meu amigo era um pouco cafajeste, mas ele sempre foi sincero em suas relações. E, mais do que isso, era leal a sua palavra. Nunca vi nenhuma mulher reclamar de suas atitudes. Mas já vi muitas se entristecerem por ele não querer nada sério. Talvez por isso ele fosse um cara tão desejado, quase ninguém entrava no seu coração coberto de gelo. Exceto por Isabella, que parecia ter conseguido por duas vezes.

— Ok, acho que o clima ficou um pouco pesado. — Peter aumentou o som do carro. — Sabemos o quanto você é certinho, Beck.

— É, você deveria seguir meu exemplo, P — ele debochou.

— Meu noivo é incrível, Thomas. Não sei se você sabe — defendi Peter com ferocidade.

— Ôôô, se sei. — Ele bufou, sem ânimo.

— Nossa, ok, agora chega de se atacarem. — A chuva começou a cair no vidro do carro. — A previsão disse se ia chover? — Peter perguntou.

— Achei que a temporada de chuva começasse semana que vem — Isabella disse, enquanto conferia o Climatempo no seu Iphone. — Aqui tá dando 70% de chance de chuva forte.

Enquanto seguíamos no trânsito, a chuva foi engrossando. O peso da água me fazia tremer. Normalmente, quando chovia em New Plymouth, tudo alagava. Uma vez choveu tanto que meu quarto ficou com o carpete todo molhado e deu um mofo tão terrível que fiquei doente por mais de três meses. Mas, na maioria das vezes, não acontecia daquela forma. Exceto por agora, que resolveu cair o mundo sobre nossas cabeças.

Chegamos na casa dos garotos e não tinha nenhum carro estacionado na área externa. O que me fazia acreditar que tínhamos errado o dia, só que, na realidade, era porque com a tempestade que aparentava estar vindo, não fazia sentido alguém sair de casa. Era bem aquela frase: se fulana for para esse local vai até chover? Pois é, a fulana sempre era eu e, de fato, estava chovendo bastante.

— Vamos embora? — perguntei, antes de sair do carro.

— Qual foi Gabriela? Você é feita de açúcar por acaso? — Peter me repreendeu enquanto procurava um guarda-chuva no porta-luvas do carro.

— Não, mas olha essa chuva… Como pretende fazer com que a gente consiga sair do carro e chegar vivo até a porta? — Eu não queria me molhar.

— Com os pés e com… — Ele procurou mais um pouco. — Esse guarda-chuva velho.

O guarda-chuva velho não protegeu nada. Seria melhor não ter usado. Cheguei à porta da casa de Matt encharcada. Meu par de tênis da *Adidas* estava ensopado e cheguei à conclusão de que a blusa branca foi uma péssima escolha. Tocamos a campainha e Freddy, um dos colegas de apartamento de Matt, abriu a porta de pijama.

— Erramos o dia? — Thomas perguntou, dando risada.

— Não, cara. Geral desistiu por causa da chuva. Mas, entrem aí… — Ele apontou para o interior da casa e o seguimos. — Só tem vocês e a Jéssica.

Jéssica estava sentada no sofá de couro preto, com as pernas estiradas na mesa de centro. Totalmente confortável, como se estivesse em casa. Achava incrível sua capacidade de se dar bem com todo mundo, ela e Matt estavam conversando sobre o time de futebol. Matt fazia parte, mas apenas por lazer. Diferente de Peter, que era capaz de tirar a própria vida para defender o time.

— E aí, cara, parece que nossa festinha de boas-vindas deu ruim… — Matt cumprimentou Peter e ofereceu uma cerveja.

— Mas a festa quem faz é a gente, certo? — Thomas mostrou a tequila ardente, tirando de dentro da mochila.

— Isso me dá ânsia de vomito… — Jéssica comentou, fazendo uma careta.

Nós nos aproximamos e nos acomodamos no sofá.

— Você não é de recusar uma bebidinha, Jess — Thomas se se sentou ao lado dela.

— Vamos todos beber e jogar *Eu Nunca*! — Peter sugeriu, animado. E eu tentei disfarçar a risada, mas ele percebeu. — Que foi, linda? Não quer jogar?

— Acho que não brinco disso desde os 17 anos.

— Que mentira! — Isabella me deu um tapinha nas costas. — Jogamos isso naquela viagem que fizemos para a casa de serra da minha avó. Lembra?

Como poderia esquecer? Eu tinha acabado de voltar de uma viagem de praia com o Peter. Lá eu descobri a sua primeira traição. Saí da casa de praia desesperada e entrei no primeiro ônibus na direção oposta. Por sorte, Isabella estava lá com a família. Enchi a cara naquele dia, falei coisas que não gostava nem de lembrar. Um tempo depois, voltei com Peter e fui chamada de trouxa por Isabella por meses.

— É uma garrafa pra 8 pessoas, não tem como ficar bêbado — Matt respondeu, confiante.

— Na realidade, vão ser só sete. — Freddy o corrigiu enquanto via a mensagem no celular. — George e Virginia se acertaram e ele deve dormir por lá.

— Então, é uma garrafa para sete pessoas, não tem como alguém ficar mal. — Thomas sorriu ao me encarar com uma expressão travessa no rosto.

A noite seria longa.

Thomas

EXISTIA UMA VERDADE SOBRE TEQUILA: NÃO TINHA COMO SAber como você ficaria depois de tomá-la. Não importava se era um shot, dois shots ou dez shots. A tequila sempre tinha o poder de arrancar sua dignidade para fora do corpo. E, uma vez que você a bebesse, era difícil parar de beber. Se tivesse gasolina e te oferecerem, você iria aceitar. Foi isso que aquela única garrafa de tequila fez com todas as pessoas que estavam na sala.

— Tem mais alguma garrafa aí escondida, Thotho? — Gabriela estava tão bêbada que enrolava a língua.

— Eu acho que tem uma garrafa de vodca no quarto do George. — Matt subiu a escadas, cambaleando.

— Eu nunca beijei o crush da minha melhor amiga... — Jessica estava tão alucinada, que era capaz de com mais um shot se pendurar no pescoço de Peter e todos desvendarem o mistério. E eu estava amando aquela cena.

— Eu nunca! — Gabriela passou o copo de shots para Bella.

— Eu também, nunca! — Apesar de bêbada, Isabella conseguia disfarçar bem.

—Você já, sim — Jess denunciou e, por um momento, quis gargalhar alto com sua tamanha cara de pau. — Você beijou o Thomas.

— Eu nunca, jamais, em hipótese alguma, considerei Thomas meu crush, então tá mais que liberado, Bella — Gabriela respondeu, levantando as mãos.

Apesar de nunca termos ficado, achei que em algum momento Gabriela pudesse ter me considerado algo a mais. Mas ela sempre me provava que nunca sentiu nada por mim além de amizade e companheirismo.

— Muito bem, meu amor! — Peter concordou. — Até porque, ficar com a pessoa que seu amigo gosta, é uma tamanha talaricagem, né, Jessica?

A expressão repugnante de Peter me enojava mais do que as tequilas que eu havia bebido. Eu podia ver em seu olhar de malícia e covardia, flertando com Jessica bem na frente da Gabi. Não me surpreenderia se ele estivesse a acariciando por debaixo da mesa.

— Encontramos uma garrafa de vodka — Freddy e Matt interromperam o clima, descendo as escadas animados, como se tivessem encontrado o tesouro perdido.

— E lá vamos nós de novo! — Bella olhava para mim de canto de olho e eu podia sentir uma tensão entre nós.

Com toda aquela loucura acontecendo, não tinha porquê eu não beijar aquela mulher. Ela era a mulher mais bonita que já me envolvi. E já fiquei com muitas mulheres por aí. Porém, Isabella era um espetáculo! Passei o braço sobre os seus ombros rígidos e deixei lá parado, torcendo para que ela não tirasse. O álcool sempre me deixava com mais tesão.

Enquanto me posicionava para uma próxima rodada de *Eu Nunca*, vi Gabriela me fitando com seus olhos verdes. Por um momento, um flashback passou em minha mente, como no dia em que ela me viu na cozinha da casa da Jéssica, beijando Isabella. Era humanamente impossível que ela não sentisse nada por mim.

— Eu nunca traí minha namorada. — Freddy iniciou o jogo outra vez e eu seria capaz de dar um beijo em sua boca por ter falado aquilo.

— Eu nunca! — falei, confiante.

— Você nunca namorou, Thotho. — Engoli a saliva a seco pela pontada de sarcasmo que encontrei no timbre de Gabriela.

— Estou namorando agora e nunca pretendo a trair, ok? — Isabella deu um soquinho leve no meu ombro.

— Assim espero! — Sorri de volta para ela e beijei sua testa.

Não conseguia mais decifrar se eu e Isabella estávamos apenas atuando ou se estava realmente rolando algo. Mas de qualquer forma, eu estava gostando.

— Já o Peter tem que beber, né, meu camarada? — falei, achando graça.

— Infelizmente sim, mas não me orgulho. — Ele estufou o peito para responder, causando o efeito contrário do que suas palavras diziam.

— Se você tivesse que beber um shot por traição, acho que a garrafa acabaria — soltei, e reparei no choro contido de Gabriela, escapando pelos lábios.

Peguei pesado, precisava admitir. Eu me arrependi no milésimo de segundo depois que disse aquilo. Mas, pelo amor de Deus, estava totalmente embriagado. Não poderiam me culpar por falar a verdade, ainda que fossem necessárias algumas doses de coragem.

— Pegou mal, Beck. — Freddy me lançou um olhar de pânico. E reprimi um sorriso, mas já era tarde demais. Gabriela saiu da mesa e subiu as escadas.

— Vou atrás dela. — Isabella ficou de pé, engoliu a raiva e a seguiu

Uma pontada de raiva me atingiu. Não estava sendo um bom amigo para Gabriela faz tempo. Só que aquela foi a prova viva de que, além de não ser um bom amigo, estava sendo um péssimo ser humano. O problema de saber algo que machucaria seu amigo e não poder contar, era porque, mesmo querendo o proteger, você ainda iria arruinar os sentimentos dele. Eu estava entre a cruz e a espada.

Apesar do peso na consciência me atingir e me fazer acreditar que era um completo idiota, sempre existirá alguém pior. Honestamente, Peter conseguia desafiar a lei da falta de noção.

— Ela tá cheia de drama, não aguento mais. — Ele deixou escapar um riso de desdém.

— Acho que vamos ter que beber o dobro pra superar esse episódio lamentável. — Jéssica soou frustrada e eu sabia bem o motivo. — Vamos, é sua vez Matt.

Afastei a sensação de desconforto de ter magoado Gabriela e segui brincando com meus colegas, como se nada tivesse acontecido. Menos de uma hora depois, estávamos todos rindo em frente a televisão assistindo ao show do Justin Bieber, que estava sendo transmitido pela MTv. Menos Freddy, que ficou tão alucinado que desmaiou no sofá.

Isabella, enfim, apareceu. Um sorriso curvou meus lábios quando notei sua presença. Ela estava radiante. Era tão sexy e cheirava tão bem que parecia até um crime ser daquele jeito. Observei-a enquanto pegava um chiclete na bolsa, que estava no sofá.

— Ainda vamos demorar? Consegui colocar Gabriela para dormir no quarto de Matt, ela estava completamente fora de si.

— N-oo meu quarto? Que droga! Onde vou dormir? — Matt resmungou. — Posso dormir na sua casa Jess?

— Urgh, não Matt, obrigada — Jéssica foi categórica.

— Então vou ter que dormir no deck.

Matt levantou o tronco pesado de 1,80m e saiu feito um bebê, puxando o cobertor para fora do cômodo. No momento em que abriu a porta dos fundos, o vento forte invadiu a sala. Ainda havia um temporal, era impossível sair naquelas condições. Ainda mais que não iria entrar em um carro com Peter completamente bêbado.

— Posso ver de pedir um Uber pra gente — disse a Isabella, que se animou.

Então percebi que Peter murmurou algo para Jéssica, mas não fui capaz de ouvir. Disfarcei olhando para o celular e me assustei com o valor da corrida.

— Não vai rolar, gata. O Uber está com preço dinâmico.

— Droga! — Isabella rangeu os dentes. — E o que vamos fazer?

— Eu tenho algumas ideias. — Deixei escapar.

Minutos depois, não sabia como, mas estava com Isabella no quarto de Freddy ou no de George, não conseguia identificar. Meus lábios encostados no dela e suas mãos frias em cima do meu peito. Ela tinha cheiro de baunilha, doce e afrodisíaco, o que tornava tudo muito engraçado, já que ela era uma das pessoas mais azedas que conheci.

Ofegando de prazer, ela me beijou de volta. E alguns segundos depois, a língua não estava mais em minha boca. Desceu um pouco mais e brincou com meu pescoço. A primeira vez que beijei Isabella foi um completo fiasco, mas depois de um tempo as coisas pareciam ter melhorado.

Tinha algo extremamente carnal com ela. O que tornava tudo ainda melhor. Além disso, Isabella se conhecia muito bem e sabia do que gostava, pois logo pegou minha mão e pousou em cima da sua blusa fina. Conseguia sentir o bico do seu peito duro de tesão. O que ainda não estava duro era meu companheiro ali, nos países mais baixos.

— Senti falta de te beijar — cochichou. — Pra caramba.

Tentei responder, mas estava concentrado demais, tentando organizar as coisas por ali. Sabia que a bebida deixava o homem mais fraco, mas meu parceiro nunca me deixou na mão. Ele não poderia fazer aquilo justamente naquele momento. Estava há exatas duas semanas sem transar. E com uma das mulheres mais gostosas de New Plymouth montada em cima de mim, isso não poderia acontecer.

Com os olhos famintos, ela desceu um pouco mais e desabotoou minha calça. O cabelo estava esparramado em meio a cama, mas logo ela o prendeu em um coque para não atrapalhar. Estava quase explodindo de tesão, mas de nada adiantava, porque continuava completamente mole. Nem meia-bomba, para tentar melhorar a situação.

— Vou precisar de alguns minutos. — Suspirei. — Bebi demais, sabe como é.

Ela parou subitamente o movimento quando notou que estava sem ânimo nenhum. De fato, tornou-se broxante todo o contexto da coisa. Tentei disfarçar, beijando sua nuca e a puxando para perto de mim, mas quem não estava mais no clima era ela.

— Acho que devíamos parar… — Eu estremeci. — Não estamos aqui pra isso, certo? Apenas para ajudar Gabriela — ela falou, afastando-se.

— Certo… — Eu sabia que tinha estragado tudo. Eu não, o safado do meu pau, que não conseguiu dar uma dentro. Literalmente.

— Podemos dormir? Até essa chuva passar, e amanhã voltamos.

— Claro — exclamei.

— Acho melhor se afastar um pouco. Você não espera que a gente durma de conchinha, não é?

— Jamais cogitei — retruquei.

Vi como sua expressão fica rígida ao sair de cima de mim e virar para o lado da parede. Também, como poderia exigir algo dela depois de ter a deixado na mão? O maior crime que um homem poderia cometer era deixar uma mulher sem gozar. Tinha na constituição, e a pena era que ela nunca mais te daria uma segunda chance.

Aconcheguei-me no sentido oposto da cama e apaguei o abajur, que estava em cima da mesa de cabeceira. Gostaria de poder fazer o mesmo com os meus pensamentos, mas eles seguiram frenéticos dentro da minha mente. Consegui dar duas bolas completamente foras, em menos de duas horas. Por sorte, o álcool que corria em minhas veias não me deixou ficar acordado por muito tempo. O sono confortou minha alma atormentada.

para se apaixonar

era necessário se
PERMITIR.

Duda Riedel

17
Gabriela

ACORDEI COM UMA ENXAQUECA TERRÍVEL NO MEIO DA NOITE. Era péssima para álcool, e já sabia. A última vez que tive ressaca tinha 19 anos. Minha cabeça girou e senti meu corpo fraco. Olhei para o lado e não vi Peter. Questionei-me se ele ainda tinha gás para estar bebendo com o pessoal até aquela hora.

Vi meu celular carregando na mesa em frente a cama, são quase quatro da manhã. Meu noivo era impossível. Aquilo era para ser uma festa de boas-vindas e ele quis jogar *eu nunca* e embebedar a casa inteira. Freddy estava se recuperando de um câncer e bebeu mais do que o recomendado pela OMS na frente de futuros médicos. Abri o frigobar do quarto e não tinha nenhuma água. Minha garganta estava seca. Fui em direção a cozinha e ouvi barulhos vindos de lá. Uma voz orgástica preencheu o ambiente. "*Ahn, com mais força, vai*". Embora estivesse meio bêbada ainda, sabia que aquilo tinha cara de Jéssica. Devia estar se divertindo muito com o Matt, eles flertaram a noite inteira.

Olhei pela janela da sala e nenhum sinal de qualquer pessoa na varanda. No sofá, Freddy dormia abraçado com uma garrafa de whisky. Nenhum sinal de Isabella e Thomas também. Onde Peter havia se metido? Pelo que o conhecia, devia estar dormindo no primeiro local em que caiu bêbado. A espreguiçadeira perto da piscina era uma boa aposta. Segui até lá, o edredom estava esparramado no chão e o corpo se cobria apenas com uma manta velha. Balancei seu corpo para que acordasse e ele não moveu um centímetro.

— Peter? — Minha voz saiu atravessada, como um resmungo. — Acorda, você está no frio, precisamos ir para casa. — Tirei a coberta de seu rosto e percebi que não era ele. — Matt?

Hesitei por um segundo. Quem estava deitado na espreguiçadeira bêbado não era Peter, era o Matt. Ele cheirava a álcool e gorfo. Provavelmente vomitou nele mesmo. Mas se o acompanhante de Jéssica estava aqui, quem estava no quarto gemendo com ela? Decepcionada, segui em direção ao corredor. Apertei as unhas contra minha mão com tanta força que era possível sentir o sangue escorrendo. A acidez em minha boca expandiu para o resto do corpo.

Só poderia estar delirando. Definitivamente, ainda estava sob efeito do álcool e criando teorias bizarras que não faziam o menor sentido. Jéssica devia estar se masturbando, apenas. Era a cara dela fazer aquilo, ou poderia estar com Thomas. Eles já tiveram um romance quando eram mais novos.

O medo inundou minha garganta. A paranoia que sentia era inegável. Preferi seguir para fora da casa e não tirar conclusões das minhas ideias absurdas. Estava cansada, infeliz e de ressaca, não estava raciocinando bem. No entanto, minha mente começou a fazer denúncias outra vez. E se meu noivo fosse tão cretino ao ponto de ter comido minha amiga na mesma festa em que fomos juntos? Eu não me surpreenderia. Peter já me traiu outras vezes. Mas Jéssica jamais me trairia.

Afastei a sensação de desconforto e voltei para dentro. Precisava ter certeza. Por dois segundos, pensei em desistir mais uma vez, mas ao colar meu ouvido na porta, foi o tempo suficiente para ouvir o que entrava como uma faca dentro do meu peito e acabava com todas as suspeitas.

— Sua boceta está tão molhada, gostosa. — Era a voz de Peter.

Levantei-me rapidamente na tentativa de respirar por três segundos antes de tomar qualquer atitude. Porém, não consegui nem por meio milésimo. Corri tão rápido em direção onde eles estavam, que até perdi o equilíbrio do meio do caminho. A barbaridade estampada em meu rosto era aterrorizante. Esgarcei a porta do quarto com uma brutalidade absurda, até quebrei a maçaneta.

Fiquei estática olhando a cena desanimadora em minha frente. Peter em cima de Jéssica, sussurrando sacanagens em seu ouvindo e cobrindo o rosto dela com o travesseiro na tentativa de impedi-la de gritar. Meu corpo ficou febril. Pensei em voar em cima deles, mas fiquei sem reação. Tive um arrepio involuntário e logo fiz a única coisa que era capaz de fazer em um momento como aquele.

Gritei.

— O que está acontecendo aqui? — O berreiro era capaz de acordar a casa inteira.

Queria socar Peter até que ele morresse ali mesmo em minha frente e eu fosse levada pelo camburão. Mas a fragilidade em minhas pernas não permitiram. Caí na frente deles, com os braços jogados no chão. As lagrimas caíam tanto pelo rosto, que formaram uma poça na minha frente.

Isabella e Thomas apareceram no quarto tão escandalizados quanto eu, vendo Jéssica e Peter pelados. Houve um longo momento de silêncio até que ele foi quebrado pela cara de pau e completa falta de noção do meu atual ex-namorado. Minha vida parecia ter acabado naquele exato segundo em que vi que, pior do que uma traição, era uma dupla mentira.

Thomas

FIQUEI APAVORADO COM O VAZIO NO OLHAR DE GABRIELA. Depois do grito estrondoso, que era capaz de acordar uma pessoa que estivesse dormindo no sul do Japão, ela não falou mais absolutamente nada. Caiu de joelhos no chão, com as mãos no rosto e senti meu coração quebrar ao vê-la naquele estado.

O ressentimento me subiu pela nuca. Tudo aquilo poderia ter sido evitado se eu tivesse contado tudo que estava acontecendo, ao invés de deixá-la passar por aquilo. Não deveria ser daquela forma. Eu não queria que ela descobrisse assim. Queria um monte de coisas, uma delas era impedir que ela sofresse, mas querer não significava mais merda nenhuma naquele momento.

Gabriela se segurou na mesa de cabeceira ao lado da cama, tentando se levantar. Com o rosto pálido, emitiu sons inaudíveis. Eu também busquei ter alguma reação, mas não chegou a ser diferente da dela. Fiquei estático. Jéssica se levantou, procurando uma roupa para vestir, mas não encontrou nada, então se trancou no banheiro. Com toda certeza, estava querendo se enterrar de vergonha.

— Gabriela, amor... — Peter começou a falar enquanto vestia a calça e minha vontade era de quebrar sua cara.

— Eu não quero uma palavra, Peter. — Ela apontou o dedo indicador na cara dele. — Eu quero que você saia daqui e nunca mais olhe na minha cara. Você é sórdido, é nojento. Me humilhou na frente dos nossos amigos, me fez acreditar todos esses anos que tudo de errado que acontecia entre nós era culpa minha. Quando tudo sempre foi sua.

Dei dois passos para a frente, tentando tirá-la de lá, mas fui impedido por Isabella, que parecia querer que o circo pegasse fogo. Só que, na realidade, ela estava esperando que a amiga desabafasse e recuperasse a autoconfiança. Portanto, passei um braço em volta de Peter, que tentou escapar, e o segurei na frente de Gabriela, para que ele ouvisse tudo que ela ainda tinha a dizer.

— Eu tenho nojo de você. Eu tenho nojo de tudo que vivemos durante todos esses anos. — Ela puxou a aliança do dedo e jogou na cara dele. — Você não merece que ninguém te ame ou lute por você. E eu nunca te amei, eu apenas sentia medo. Mas agora, não mais. — Ela limpou as lágrimas que corriam pelas bochechas e apertou os dentes. — Agora eu estou livre e não quero que você chegue perto de mim.

Ela saiu pela porta e Isabella vai foi atrás. Ela não iria querer falar comigo, então deixei as duas sozinhas. Soltei a mão do pescoço de Peter e o encarei, cara a cara. Aquele momento era entre nós dois. Recusei-me a imaginar que um dia consegui chamar aquele cara de irmão. Para o mundo, Peter sempre foi espetacular, mas eu, mais do que ninguém, sabia de todas as suas falhas.

Inspirei algumas vezes, enchendo o ar nos pulmões que pareciam vazios. Contei até dez mentalmente, tentando me acalmar, e chegou a minha vez de dizer tudo que queria. No entanto, fui impedido, pois quem começou a falar foi ele.

— Você está satisfeito? — Ele soltou os braços e terminou de se vestir. — Sempre quis isso, não é? Queria atrapalhar minha vida com Gabriela.

— Você que atrapalhou, cara. — Fiquei de pé e joguei sua camisa em sua direção. — Nunca a valorizou, sempre a tratou mal. Me surpreendo apenas que isso tenha durado tanto tempo.

Escutei os soluços de Jéssica vindo do banheiro, mas não estava com cabeça para ajudá-la. Meu papo era com meu ex-melhor-amigo de infância, que era uma completa farsa. Sua expressão angustiada não conseguiu me convencer de nenhum pequeno arrependimento. Senti tanto nojo, que não sei mais mirar em seus olhos, então só fiquei olhando para o chão. Ele me espiou pelo espelho,:

— Não pensa que você está saindo como bonzinho dessa história. — Ele vociferou. — A Gabriela um dia vai descobrir que você planejou tudo isso.

Abafei o som com a mão, serrando os punhos para não quebrar sua mandíbula. A sensação que tive era de que estava falando com meu arquirrival de tantos anos, e não com o cara com quem estudei desde o jardim de infância.

— Eu não precisei fazer nada, Peter — retruquei. — Sua capacidade de fazer merda é tão grande, que se perdeu no personagem com meia garrafa de tequila.

— O que será que vai acontecer quando ela se der conta de que seus melhores amigos sabiam que o noivo estava a traindo e não falaram nada? — Suas farpas não me causaram nenhum pingo de medo, então ele continuou. — E se ela descobrir que você fingiu namorar Isabella apenas para me ajudar a enganá-la?

— Acho que da mesma maneira que o seu treinador, se fizer um antidoping em você. — Ele quase se engasgou. — Eu falo sério, encontrei os remédios na sua gaveta. Se você cruzar na vida da Gabriela novamente ou ousar magoá-la outra vez, eu denuncio você e sua carreira acaba antes mesmo de jogar sua primeira partida como profissional. Sabe a bolsa pra Europa? Pode se despedir, você será incapaz de tomar um vinho do porto por lá.

Peter vestiu o casaco e saiu do quarto sem olhar para trás. Ainda podia ouvir as lamentações de Jéssica. Peguei sua roupa esparramada pelo quarto e deixei na frente da porta. Bati três vezes na madeira e minha voz saiu mais tensa do que gostaria.

— Jess, deixei suas coisas aqui, vou sair do quarto para você se vestir.

Afastei os olhos e pensei que talvez ela pudesse considerar não responder, de tanta vergonha. Mas ouvi algumas palavras embaraçadas, entre os soluços. — Ela já foi embora? Estou com medo, Thomas.

— Medo? — perguntei, com cautela. — Gabriela não seria capaz de te bater. Talvez em Peter, mas acho que ela está ocupada sofrendo com Isabella.

Ela abriu um pouco da porta e consegui ver seu ombro nu pela fresta. Passei as roupas, olhando para o lado contrário e ouvi o som dela se vestindo.

— Prometa que não vai contar nada a ninguém... — ela pediu, e dei de ombros. — As fofocas em New Plymouth são rápidas demais e temo pela minha carreira. Meu pai vai me matar, Thomas.

— Não pretendo sair espalhando esse tipo de coisa. Não me chamo Dan Humprey e nem estou em um episódio de *Gossip Girl* ou coisa do tipo. —Comecei a me afastar. — Mas vocês transaram no local que ela estava — desabafei. — Qualquer pessoa poderia ter ouvido.

— Bom... — ela tentou falar, mas interrompi seus pensamentos.

— Se você está mais preocupada com o que vão pensar de você do que em como a Gabriela está se sentindo, acho que nem precisa me responder o motivo de ter feito isso com sua amiga. Pois, claramente, eu sei que você não a considera uma.

Reuni um pouco da paciência que me restava e saí de perto da Jéssica. Não era Deus ou coisa do tipo. Não poderia ficar julgando os outros pelas escolhas que fizeram em sua vida. Não era obrigação nossa querer amaldiçoar a vida do outro por conta dos erros que ele cometeu. A justiça divina que tinha que fazer aquilo.

Em uma era de cancelamento, onde as pessoas se sentiam no direito de resolver tudo com as próprias mãos, eu me controlava para entender que cada um tinha seu próprio caminho. E que não cabia a mim querer colocar alguém na direção certa. Claro que me revoltava, tinha minhas fraquezas. Mas não poderia fazer justiça com as próprias mãos.

O que me preocupava era Gabriela. Sabia que, naquele momento, ela iria jurar que o mundo dela acabou, mas, na realidade, ele só estava começando. A capacidade que ela teve de perdoar todas as traições e mancadas de Peter foi muito extensa. **Às vezes, era necessário uma coisa inimaginável para nos fazer entender que o nosso lugar nem sempre era ao lado de quem pretendíamos construir uma vida.**

Gabriela

— Posso entrar? — Isabella estava parada na porta do meu quarto, com uma caixa de biscoitos *Oreo* e um engradado de *Budweiser*.

Olhei para o relógio e marcava 9:15h de um domingo. Nem sabia como ainda estava acordada. Apenas assenti com a cabeça e ela ficou estática na beira da cama, esperando que eu dissesse algo. Provavelmente também estivesse buscando as melhores palavras para iniciar a conversa, mas seu semblante parecia tão frustrado quanto o meu. Então, cortei o clima, fazendo uma piada:

— Heineken é cerveja de corna. Sempre preferi Budwiser.

— Nossa, estou aliviada com essa declaração, porque escolhi pensando nisso. — Ela gargalhou e tirou os sapatos *Prada*, cruzando as pernas em cima da minha cama. — Mas me conta, de quem iremos falar mal primeiro?

— Estranhamente, eu estou bem — desabafei.

— Bem? Como bem? Você não está queimando em ódio e chamas profundas de vingança?

— Não. — Sorri. — Quero dizer, estou com ódio, mas estou mais aliviada do que qualquer coisa. **É tão frustrante insistir em alguém que sempre te prova que é melhor você vazar.** Acho que isso foi minha carta de alforria.

A última noite fora aterrorizante. Passei a cena fatídica da traição mais de 100 vezes na minha cabeça. E em todas elas, eu só conseguia sentir sossego. Sempre precisei de motivos bruscos para tirar Peter de minha vida e nunca achei algo suficiente, mas, finalmente, encontrei um pretexto à altura.

Era duro pensar que tive uma apunhalada dupla. A traição aconteceu debaixo do meu nariz, com gente de dentro da minha casa. Jéssica era, além de tudo, minha amiga e companheira de faculdade. O pior era acreditar que ela esteve presente no meu relacionamento durante todos aqueles anos. E durante todos eles, ela sempre quis estar em meu lugar. Tentei relaxar esvaziando o ar lentamente dos pulmões. Então, recaí sob os travesseiros e peguei o pacote de *Oreo* que Isabella trouxera.

— É surreal imaginar que foi com ela — falei, com raiva. — Foi um velório duplo.

— No final de tudo, você enterrou duas pessoas importantes de uma vez só, mas ganhou duas que vão estar com você independente de tudo.

— Acho que só uma, aposto que Thomas vai continuar sendo amigo de Peter. — Soltei um ruído rouco.

— Tá maluca? — ela me repreendeu. — Jamais. Ele quase estraçalhou aquele saco de bosta ontem. — Comecei a rir de seu comentário.

— Nunca fez tanto sentido esse apelido.

— Sempre chamei Peter assim, ele merecia, mas agora faz mais sentido mesmo.

Pressentimento de mãe e de melhor amiga era coisa do divino. Era impossível não ficar com pé atrás quando pessoas tão especiais na sua vida não gostavam de quem você se relacionava. Você poderia até achar que era birra, ciúmes ou qualquer outra coisa, mas, no fundo, o sexto sentido era sempre coerente.

O difícil era aceitar que eu convivi tanto tempo com duas víboras e não percebi. Eu não conseguia perdoar e nem ao menos achar que aquilo foi um erro. Aquilo, acima de tudo, foi falta de caráter. Desvio de caráter era quando a pessoa ainda tinha algo para se desviar, mas nada restou neles. Portanto, lamentava muito, mas enterrei os dois em um lugar onde não havia como ressuscitarem.

— Como sua mãe está em relação a isso? — Isabela interrompeu meu raciocínio.

— Revoltada — respondi. — Ela adorava a Jéssica.

Percebi que minha mãe estava entrando no meu quarto naquele instante. Ela segurava uma bandeja com xícaras e café. Bem propício para a hora do dia, mas eu realmente precisava de algo muito mais forte. Ela notou as cervejas em nossa mão, descansou as xícaras sob a bancada e pegou uma garrafa de Bud para nos acompanhar.

— Aquela menina é uma vagabunda. — Ela fez uma pausa, irritada. — Já abriguei e acobertei suas estripulias por aqui inúmeras vezes para que seu pai não descobrisse.

— Será que o pai dela já sabe? — perguntou Isabella.

— Nem sei o que ele seria capaz de fazer com ela se descobrisse. Seria um escândalo. — O tom de minha mãe ficou mais brando.

O pai de Jéssica era médico militar e professor da nossa faculdade. Ele sempre foi muito arrogante e linha dura. Muito provavelmente era o motivo da filha ser tão fora de si. Existem estudos que mostravam que filhos de pais liberais, normalmente, eram mais tranquilos. E que filhos de pais conservadores, muitas vezes, ficavam despirocados.

— Espero que ele saiba... — Deixei escapar.

— Achei que você não quisesse vingança... — Isabella ponderou.

— Não quero — confirmei. — Mas não irei me incomodar se, cada vez que falarem de Jéssica, adicionarem um adjetivo de puta, vagabunda ou cretina por aí.

— E precisam acrescentar traíra também — minha mãe completou.

Notei um olhar depreciativo vindo de Isabella para minha mãe e eu. Sabia o que ela iria falar. Mas, honestamente, naquele momento, queria que todo aquele papo sobre sororidade, união feminina e apoio as mulheres fosse para um lugar que era melhor nem precisar citar.

Era impossível sentir compaixão por uma mulher que feriu outra. Daquele tipo de mulher, eu realmente soltaria a mão e deixaria na vala. Não era centro de reabilitação para gente de má índole.

— Entendo sua raiva, Gabi, mas Peter também está errado na história. — Ela me repreendeu.

—Peter tem, no mínimo, um bom coração. Mas Jéssica não tem nada além de egocentrismo e achar que o mundo gira sob ela.

Eca, que babaca. Como minha melhor amiga poderia passar pano para algo tão grotesco e nojento como uma traição?

— Você acha que Peter é bom porque ainda o ama, e tudo bem. Amor não acaba de repente.

Sem noção. Senti vontade de falar, mas no lugar daquilo, apenas a deixei conduzir seu próprio monólogo. Não era obrigada a concordar com ela.

—Peter errou tanto ou mais do que Jéssica. Ele que te devia respeito.

— Ela também! — minha mãe respondeu, irritada com o rumo da conversa.

— Eu sei, mas não podemos deixar ele sair bem nessa história e ela carregar toda a culpa.

— Isabella, você tá de sacanagem comigo, né? — questionei, quase bufando. — Não dá pra relativizar isso. Jessica errou feio. Não desejo o mal para ela, mas desejo que a lei do retorno não falhe.

Falta de empatia dela e não minha. Fiz uma nota mental para que eu não me sentisse culpada por odiar Jessica. E, imediatamente, mudei de assunto para não termos que falar mais sobre aquilo pelo bem da minha saúde mental. Era um jeito de dar vazão e não xingar todas as gerações dela, pelas próximas horas.

Jessica sempre gostou de ser o centro das atenções. Ela era aquela que adorava que os homens ficassem a desejando. Só que os homens não a desejavam para nada além que um sexo sem comprometimento. Todos que estavam na casa, depois que eu descobri o que ela e Peter tinham feito, não se surpreenderam. Todos sabiam como ela era.

O que poderia desejar para uma pessoa assim era nada mais do que um caminho de luz. Mas, um caminho também bastante longe do meu. Eu aprendi, principalmente, que a vida se encarregava. **Não havia nada mais poderoso que o carma e sua maneira incrível de dar aos outros o que eles realmente mereciam.**

Thomas

FUI O PRIMEIRO A APARECER NA CASA DE ISABELLA. SÃO 9H DA manhã. Nenhum de seus vários empregados haviam chegado. Então, fui recebido por Anna, a mãe dela, que mais parecia uma modelo gostosa de um comercial da *Victoria Secrets*. Ela estava vestindo um hobby com plumas que deveria ser de alguma marca cara, pois exalava riqueza.

— Thomas, querido, Isabella saiu muito cedo. Vocês combinaram algo? — Ela me levou até uma das salas da casa e me ofereceu um chá. — Aceita?

— Não, obrigado. Na verdade, não combinamos nada, mas precisava vir conversar sobre algo importante. — Meu tom era um pouco ansioso e ela percebeu.

— Vocês brigaram ou coisa do tipo?

— Está tudo bem entre nós. Sabe se ela foi na casa de Gabriela?

— Não sei... — comentou. — Acho que você pode telefonar para saber onde ela está, ou se quiser esperá-la, fique à vontade.

Já tinha feito isso e foi em vão. Isabella me respondeu apenas com um "depois nos falamos". Depois quando? Eu tenho urgência em saber tudo. Por isso, sorri de volta a Sra. Anna e fiquei parado no mesmo lugar. Não poderia sair dali até conversar com Isabella e saber qual seria o próximo passo, já que o nosso plano deu certo antes mesmo de colocarmos em prática.

Precisava me livrar da culpa que estava sentindo o quanto antes. Do contrário, aquela semente iria se transformar em raízes e seria obrigado a conviver com a paranoia fazendo aluguel na minha mente. Eu sabia que a culpa não era minha, mas eu tinha o poder de ter amenizado a dor de Gabi.

Esperei cerca de duas horas até Isabella chegar em casa. Ela me cumprimentou com um abraço sem sal e foi andando em direção às escadas para ir ao segundo andar. Sem que fale nada eu a acompanho.

Entrei no quarto dela e, pelo visto, era a primeira vez que ficava a sós com uma mulher no quarto e não sentia a menor vontade de transar. Meu companheiro estava mole feito um macarrão cozido. O que não me causava desconforto, afinal, ontem ele também me deixou na mão.

— Ela está ótima — Isabella explicou, já sabendo o que eu perguntaria.

—Como? Você tem certeza? — perguntei, incrédulo. — Isso pode ser uma fuga sentimental. Ela pode estar querendo mostrar que está bem para acreditar na própria mentira.

— Thomas, a Gabriela não é uma de suas pacientes de psiquiatria, ok? — ela me interrompeu. — E ela está realmente ótima. Acho que o choque de ontem foi só a cereja do bolo para ela se livrar daquele saco de chorume.

Dei uma risada, porque era incrível a discrepância entre o vocabulário ralo e coloquial de Isabella, com o seu estilo de vida elitizado. Ela era a patricinha mais desconstruída que já tive o prazer de conhecer.

— Esses sapatos deveriam ser proibidos de vender de tão desconfortáveis. — Ela jogou os sapatos de grife para longe e entrou no banheiro.

— E agora? O que faremos? — questionei um pouco mais alto para que ela escutasse de dentro do banheiro.

— Nada — ela respondeu, abrindo a porta, usando uma roupa mais confortável que a anterior. — Conseguimos o que queríamos. Missão cumprida.

— E sem chances de eles voltarem? — perguntei, enquanto ela guardava a bolsa Chanel no closet imenso.

— Ela bloqueou o Peter de tudo. Basta ele não perturbar ela, que acho que eles nunca mais trocam duas palavras na vida.

— Isso é mole. — Dei de ombros. Eu sabia que ele não botaria a viagem pra Portugal em cheque. Do contrário, eu usaria minha própria chantagem.

— Acho que isso é o mais difícil. — Bella balançou a cabeça em negação e me dei conta da gafe que cometi.

— Não vou permitir que ele chegue perto dela — comentei, confiante.

Ninguém imaginava que eu sabia que Peter estava usando anabolizantes. Apenas ele e eu. E aquele foi um dos argumentos que usei para ameaçá-lo e proibir que ele chegasse perto de Gabriela novamente.

Conhecia a índole do cara e tinha plena certeza de que ele pensaria mais em si mesmo do que qualquer outra coisa. Jamais deixaria que eu o denunciasse, afinal, aquilo significava perder seu futuro quase brilhante, sendo jogador de futebol na Europa.

— E, então, tudo certo? — Joguei um pouco de conversa fora porque, estranhamente, estava gostando da relação com Isabella.

— Sim, tudo certo. Mas preciso que você vá embora, porque eu tenho reunião com o buffet que vai fazer as comidas do meu aniversário.

— Terei a honra de ser convidado? — De canto de olho, notei sua expressão tímida.

— É claro, você ainda é meu namorado lembra? — Ela fez aspas com as mãos.

— Achei que nosso namoro acabasse com nosso plano.

— E acaba.

Não me ofendi com sua colocação, mas senti uma pontada de tristeza. Estava gostando de ter um relacionamento, mesmo que ele fosse de mentira.

— Mas não podemos acabar um dia depois que Gabriela acabou o namoro. Ela iria achar estranho. — Acompanho seu raciocínio. — Precisamos forjar isso por mais algum tempo. Até passar meu aniversário, quem sabe.

— Maravilha! — respondi, entusiasmado.

— E, Thomas... — ela advertiu, — Não tenho vocação para ser corna. Então, se você estiver interessado em ficar com alguém, seja discreto.

— Não cogitei. — Olhei feio para ela. — Jamais trairia uma namorada. Você sabe disso, sempre sou sincero. Mesmo que a namorada não queira me namorar.

— Certo! — Ela me levou até a porta. — Até amanhã.

— Amanhã?

— Gabriela vai vir às 18hrs jantar comigo. Esteja aqui as 17h, pra ela pensar que estávamos juntos.

— Ok, comandante.

Ela fechou a porta antes que eu pudesse terminar a frase. Tinha a sensação que ela ainda estava irritada com a minha performance de ontem. Mas até eu estava revoltado com o que aconteceu.

Fui em direção ao carro, mas antes que de chegar até ele, meu telefone tocou. Na tela principal, apareceu o nome de Matt. Conhecia o meu amigo e sabia que ele estava me ligando para saber o desfecho da confusão de ontem. Uma verdade sobre os homens: são imensamente mais fofoqueiros do que as mulheres, porém sempre fingiremos que não nos importamos.

— E aí, cara? — ele fala no meio de um bocejo. — Não dormi nada essa noite, ainda estou tentando entender o que rolou.

— Caótico...

—Sabe como Gabriela está? — sua voz parecia preocupada.

— Não falei com ela, mas Isabella disse que está bem.

— Ela vai ficar bem, vi a conversa do grupo do time de futebol e Peter deve embarcar para a Europa semana que vem.

— Já? — Espantei-me.

Na última vez que conversei com Matt sobre a possibilidade de Peter ir para a Europa, pensei que fosse um plano para o próximo semestre. Mas, ao que tudo indicava, eu não percebi que as aulas já acabariam em duas semanas. Aquela era uma ótima notícia, pois deixaria Gabriela mais segura e longe da possibilidade de voltar o namoro.

Enquanto conversava com Matt, entrei no carro e vi Jéssica cruzando a rua mais à frente. Devia estar na casa de Peter. O que não me surpreendia. E, apesar de saber que eles se mereciam, sentia um pouco de pena de Jéssica. Ela era quem iria sofrer mais com toda a situação.

— Posso ir aí pra gente jogar uma conversa fora? — perguntei a Matt.

— Só chegar, os meninos estão todos aqui.

Fui para a casa de Matt e percebi a falta que fazia morar com os pais. A sala ainda estava uma zona. Abri a geladeira e peguei uma garrafinha de água, porque ainda estava de ressaca e minha garganta ficara completamente seca. Levei a bebida a boca, dando pequenos goles. O cheiro de tequila do sofá ainda me enjoava.

— Uma mulher dessas. Jamais pensei que Jéssica fosse capaz de fazer isso com Gabriela. —Virginia, a namorada de George, falou.

Ela e George sempre estavam brigando. O que tornava a relação muito desgastante. Eles namoravam desde os 14 anos de idade. Terminavam o relacionamento pelo menos uma vez por mês. Claramente não eram um exemplo de casal, mas amavam se meter em namoros alheios.

— O Peter também não é nenhum santo — Freddy rebateu. — Nunca fui com a cara dele.

— Qual foi, Freddy? Nunca vi você desgostar de alguém — comentou Matt.

— Quando eu era da turma de vocês, antes de trancar a faculdade, tive que fazer dupla com a Gabriela para a aula de histologia. O cara ficava ligando de cinco em cinco minutos. Completamente paranoico.

— Falando em histologia, será que o pai de Jéssica ficou sabendo? — questionei.

— Só quem sabe somos nós, a não ser que Gabriela tenha contado pra alguém. Eu não falei pra ninguém — afirmou Matt.

— Eu também não — Freddy assegurou.

— Eu contei. —Virginia soltou e senti o suor descer pela nuca. — Não me pediram segredo. O que posso fazer? E acho importante outras mulheres saberem quem é a Jéssica.

— Amor, por que você fez isso? —George a repreendeu.

— Porque não sou obrigada a guardar uma fofoca dessa proporção só pra mim, G. Sabe qual foi a última vez que teve um babado bom em New Plymouth? — Todos nós balançamos a cabeça. — Quando Selena descobriu que estava grávida uma semana antes do bebê nascer. O bebê tem três anos de idade já.

Gargalhei alto com o comentário. Apesar de chata, Virginia era muito engraçada. Estudávamos juntos no colégio e por muitas vezes senti vontade de mudar de sala só por sua voz estridente. Mas era tão divertido seu jeito de ser, que se tornava uma terapia assistir aula ao seu lado.

— Também acho que se Jéssica teve coragem de fazer, tem que ter coragem de assumir. — George fez uma careta, tentando defender a namorada.

— Só falamos de Jéssica, acho que Peter merece um pouco de repudio também.

Matt desabafou e saiu em direção a cozinha. Seu corpo estava rígido e os ombros largos pareciam pequenos e encolhidos. Devia estar com vergonha do comentário e medo de ser censurado por Virginia. E, claro que foi o que aconteceu.

— Matt, você é melhor do que isso. Jamais vou entender esse fascínio que você tem por esse cover falsificado da Taylor Swift.

Os comentários de Virginia eram hilários. Não poderia me divertir mais. Nunca percebi a semelhança entre Jess e Taylor. Mas, realmente, elas se pareciam um pouco.

— Não é fascínio — ele se defendeu. — É só que o Peter é um imbecil, e a culpa está caindo toda na Jéssica. — Precisava concordar com meu amigo.

— Você já transou com ela? — George foi direto e em momentos como aquele, eu percebia o motivo de ele e Virginia estarem juntos há tanto tempo.

— Ele nunca ficou com ela. — Freddy deu de ombros.

— Nunca? — Até eu fiquei espantado.

— Acho que você foi o único cara de New Plymouth que não compartilhou da saliva de Jéssica. — Virginia soltou mais um pouco do seu veneno.

— Eu nunca troquei saliva com ela — Freddy corrigiu.

— Você não é de New Plymouth, só mora aqui.

— Justo — ele concordou.

Passamos os próximos minutos debatendo sobre o episódio de ontem. Sabia que a fofoca ainda iria render por algumas boas semanas. Se Jéssica desse sorte, poderia se livrar de toda a atenção sobre ela durante as férias de verão. Já Gabriela, infelizmente, teria que conviver eternamente com a dor de ter perdido duas pessoas de uma vez só.

— Gabriela está vindo pra cá. — Meu coração acelerou com o anuncio de Matt. — Naquela loucura, ela acabou esquecendo o celular aqui. Vai vir buscar.

— Vou indo pra casa, então. — Sim, estava fugindo dela, mas era tarde demais.

Antes que eu pudesse abrir a porta, Gabriela apareceu na sala. Radiante. Esperava encontrá-la machucada e deprimida, fiquei perplexo. A luz que ela emanava estava completamente diferente, era como se ela tivesse tirado o peso das costas que carregou durante tantos anos, escondida atrás de um relacionamento que a adoecia. Além do brilho único que ela havia recuperado, tinha algo novo que eu não conseguia enxergar, mas ainda bem que Virginia conseguiu decifrar meus pensamentos.

— Eu simplesmente amei o seu cabelo, Gab! — O cabelo, ela mudou o cabelo!

— Acho que agi por impulso, mas adorei também. — Ela brincou com uma das mexas que caiu em seu rosto. — Aproveitei pra doar, foram uns 25cm de corte.

— Você está in-incrivel. — Eu mal podia falar sem que meu queixo caísse no chão.

— Ah, oi Thomas. Não sabia que estava aqui. — Ela deu uma risada sarcástica. — Parece que esses dois dias duraram um mês inteiro, com tantas coisas acontecendo.

— É, que babado hein, menina. — Aos risos, Virginia se divertiu com a fofoca. — Sua mãe já falou com o pai da Jess?

— Chega, Virginia! — Furioso, George se levantou, puxando a namorada pela mão. — Estávamos de saída.

— E eu vou estudar. — Freddy subiu as escadas, correndo.

— Vou pegar o seu celular que deixei no quarto. — Matt seguiu os passos na direção oposta.

Quando me dei conta, estávamos apenas nós dois, lado a lado naquela sala que parecia ter adquirido 70 metros quadrados a mais, pois ela se tornou enorme para a distância que existia entre nós. Algumas pessoas tinham tanta conexão, que conseguiriam preencher até mesmo o silencio quando não havia o que dizer. Era o meu caso com ela, mas não naquele dia.

Eu tinha milhões de coisas para dizer, mas não havia nada que eu pudesse dizer para estancar a ferida aberta que Peter deixou lá. Não havia "você é melhor sem ele", "ele que te perdeu", ou qualquer clichê barato que mudasse o fato mais importante: ela se sentia inferior. Ela sentia que não era boa o suficiente. E por mais que eu soubesse que ela era sim, as consequências da infidelidade de Peter iriam deixar, por muito tempo, uma lacuna avassaladora na alma da mulher mais incrível do mundo. O alívio me invadiu quando ela quebrou meu raciocínio com poucas palavras.

— Você sabia?

Senti-me com medo, fraco e enjoado. Poderia ser sincero e falar que descobri um dia antes, mas eu não sabia como contar. Então, naquele momento, preferi o pior caminho. O caminho que não tinha como voltar atrás.

— Não! — falei, ríspido, então limpei a garganta. — Se soubesse, tiraria você dessa furada.

— Foi o que pensei. — E, então, Gabriela me olhou pela primeira vez desde que chegou. — Eu vou precisar de você, Thomas.

Sua súplica era capaz de ferir meu coração. A vulnerabilidade de alguém que estava buscando ajuda era ao mesmo tempo linda e assustadora. Eu sabia que o que me restava era a dura tarefa de fazer aquela menina voltar a sorrir. Pois na cabeça dela, o mundo parou de reconfortá-la há muito tempo.

— Eu sei disso.

O pavor nublou sua reação quando falei. Então, passei meu braço ao redor dos seus ombros e a puxei para perto de mim. Conseguia sentir seu cheiro único subindo pelas minhas narinas. Inspirei fundo e eternizei aquela sensação dentro de mim. Dei um beijo em sua testa, pois aprendi que aquilo indicava proteção. Podia sentir suas lágrimas escorrerem pela minha camisa. Então, ofereci a única coisa que tinha:

— Eu vou te ajudar.

— Aqui, finalmente achei seu celular — Matt interrompeu a frase. — Desculpa, eu não sabia que...

— Tudo bem, obrigada! — Ela enxugou as lágrimas e se soltou dos meus braços rapidamente. — Vou indo, vejo vocês.

A porta se fechou e Matt se esparramou no sofá, soltando o ar.

— Você está com uma dura missão, meu camarada! Acomodei-me ao seu lado e abri a garrafa de cerveja quente, que estava em cima da mesinha de centro. Dane-se! Minha garganta estava seca.

— O que você quer dizer? — perguntei.

— Não vai ser fácil conquistar essa garota depois de tudo que ela passou.

— Somos apenas amigos. — Franzi a testa.

— E eu vou enviar minha carta para o Polo Norte e me candidatar como substituto do Papai Noel. — Matt revirou os olhos.

Certos sentimentos eram tão claros que tentar escondê-los se tornava patético.

às vezes,

era NECESSÁRIO uma coisa inimaginável para NOS FAZER ENTENDER que o nosso lugar NEM SEMPRE era ao lado de quem pretendíamos CONSTRUIR uma vida.

Duda Riedel

Gabriela

SEGUNDAS-FEIRAS SEMPRE ERAM DIAS DIFÍCEIS. MAS ELES SE tornavam muito mais complicados quando tínhamos a função de resolver tarefas pendentes. Ter que encarar Jessica seria — sem dúvidas — uma tarefa árdua. Com as férias, pelo menos, os dias estavam contados até, finalmente, podermos descansar da sala de aula.

Não costumava me atrasar para a faculdade, mas foi inevitável. Não consegui acordar. No caminho, peguei um café extraforte para encarar a realidade. Quando entrei na sala de aula, ela estava com um ar de tensão que se espalhou por todos os quatro cantos. Não precisei plantar a caveira de Jéssica, ela fez isso por conta própria. Podia ouvir os cochichos por toda parte e, por um momento, senti até pena.

Procurei um lugar para sentar e Thomas estava me esperando com um sorriso forçado no rosto. Acomodei-me ao seu lado, sem fazer muito barulho. Olhei por cima do ombro e vi Jéssica do outro lado da sala. Conseguia enxergar o remorso em seus olhos amendoados. Eu era a maior vítima da história, mas não tinha nem um milésimo de dúvida de que não era eu quem teria que lidar com metade das consequências. — Ela parece está péssima. — O tom de fofoca de Thomas era o que me fazia vê-lo como meu melhor amigo.

— Eu também estou — revidei.

— Isso não anula o fato de ela também estar. — Ele piscou para mim. — Na vida, sempre vai existir alguém com tantos ou mais problemas do que nós. Isso não anula nossos problemas, mas também não retira os deles.

— Faz sentido — respondi.

Ficamos em silêncio por um bom tempo, prestando atenção na aula, até que ele falou outra vez:

— Você vai para o aniversário da Isabella?

— Nossa, seu metido, vocês podem estar namorando, mas ela é minha melhor amiga. Óbvio que vou — cochichei baixinho, para que o professor não nos expulsasse da sala.

— Pensei que você pudesse evitar por medo.

— Sou livre e desimpedida. Não preciso me esconder e nem ter medo.

Gostaria de acreditar nas minhas próprias palavras, mas era tanta coisa errada, que me dava apenas vontade de rir. Um dia li a respeito da lei da atração. Basicamente dizia que você deveria fazer afirmações positivas a seu respeito para que elas se tornassem verdades. Estava tentando praticá-la, mas ainda existia uma infelicidade lampejando ao meu redor.

Nada do que eu falei era uma mentira, mas não conseguia também aceitar que fosse verdade. O fato de me sentir livre e desimpedida, principalmente. Era duro admitir que vivi um relacionamento abusivo. E eu sabia que, por muito tempo, ainda acharia que não tinha direito a minha liberdade. **Era isso que relacionamentos abusivos faziam. Eles te traziam a falsa sensação de que você não tem independência e que sua vida só iria fluir ao lado de quem te prendia.**

A tarde, fui para a casa de Isabella com Thomas. Ainda achava esquisito encarar os dois como um casal, mas precisava me acostumar. Meu melhor amigo namorava a minha melhor amiga e eu necessitava dos dois, pois meu ex-namorado era um cretino que me traiu.

—Preciso escolher minha roupa para o meu aniversário. — Isabella nos recebeu apenas com um top e legging de academia.

Ela selecionou pelo menos cinco roupas diferentes e as jogou todas em cima da cama, o que me impediu de me sentar sem que amassasse todas. Então, Thomas e eu nos aconchegamos no chão, perto da porta.

— O que acham desse? — Era um tubinho preto maravilhoso, mas, definitivamente, nada a ver com ela.

— Tá gostosa. — Thomas deixou escapar.

— Só que não tem nada a ver comigo! — Ela fez beicinho. — Preciso de brilho, cor, luz. É meu dia. Não é sempre que a gente faz 22 anos.

— A gente só faz a mesma idade uma vez na vida — Thomas refletiu, confuso.

— É meme, seu burro. — Dei risada. — Mas, sim, Taylor Swift fez uma música para os 22 anos dela. É uma data importante.

— Nossa, Gab! Você é perfeita, vou usar o vestido que a Taylor usou no Met Gala de 2014.

E, então, ela desapareceu no mar de roupas de seu closet, deixando-me com Thomas. Estávamos quase grudados, então conseguia sentir o calor do seu corpo em cima do meu. Devagar, baixei a cabeça e encostei em seu ombro. Ele me recebeu com um carinho quase paternal.

Desde o fatídico dia, Thomas vinha me enviando mensagens a cada minuto e não saiu do meu lado. Ele levou a sério o cargo de melhor amigo e estava me protegendo o suficiente para que eu não tivesse sequer a possibilidade de ficar mal. **Tinha aprendido que um bom colo e novos objetivos eram o antídoto para uma dor irreparável.**

— Dói tanto, Thomas — grunhi, baixinho, para que Isabella não escutasse e viesse me dar uma sova.

— Eu consigo imaginar… — Ele segurou minha mão e deu um beijo na ponta dos meus dedos. — E nada do que eu fale vai amenizar.

— É… — O clima ficou mais esquisito, então, dei uma risada de nervoso, mas ele não percebeu.

— Ei! — ele disse, teimoso. — Estou tentando ajudar.

— Eu sei, e agradeço.

Então desviei o olhar e me levantei em direção a cama com vários vestidos. Peguei um dos muitos esnobados por Isabella e coloquei na frente do meu corpo.

— Você já sabe o que vai usar? — ele perguntou, meio rouco.

— Não faço a menor ideia.

— Experimenta algo aí, baby. — Isabella surgiu. — Não vou usar nenhum desses.

— Tem certeza?

— Absoluta — respondeu, firme.

Dei um sorriso animado e levei todos comigo até o banheiro, para me trocar. Logo no primeiro, tive a certeza de que era o ideal. Ele era prateado, mas não chegava a brilhar. Tudo que eu precisava, pois não sou o tipo de amiga egoísta que quer ir mais bonita que a aniversariante. Ao mesmo tempo, era absurdamente lindo é sexy. As costas nuas davam todo um visual atraente.

— Estão prontos? — gritei de dentro do banheiro.

— Manda ver, quero ver se esse suco verde tem deixado você gostosa — Thomas fez piada.

— Ignora ele, baby! — Isabella corrigiu. — Vem desfilar.

Saí do quarto e em um piscar de olhos os dois ficaram de boca aberta, encarando-me. Pareciam mesmo surpresos. Então, logo Isabella correu para me abraçar.

— Você está divina, um *Dior* sempre reconhece sua verdadeira dona. Ele é seu.

— Socorro! — respondi, assustada. — Eu não posso vestir isso, achei que fosse de uma marca mais barata. Se eu manchar, não te pago isso nem trabalhando em 5 plantões pós formatura.

— Você precisa ir assim. Está deslumbrante. — Os olhos de Thomas brilhavam e era tudo que precisava para ter a certeza do quanto estava linda.

Uma vez ouvi que não existia amizade entre homem e mulher, e talvez a resposta para a pergunta fosse mais subjetiva. Mas não existia resposta para quando um homem te olhava com desejo e eu senti que foi o que acabou de acontecer. E o pior era que eu havia gostado, mas aquilo era bem desconfortável. Precisava começar a flertar e gostar de ser paquerada, mas aquele sentimento não poderia partir do Thomas.

Bem devagar, girei a cabeça em direção a Isabella, que parecia não ter se importado com o comentário do namorado. Ela estava fixada com a atenção em mim, com um semblante de felicidade genuína. Engoli a seco o nó na garganta e falei, sem jeito.

— Preciso encontrar meu band-aid nessa festa.

— Definitivamente vai ser nela, vão ter muitos band-aids preciosos para você — Isabella comemorou.

— Band-aid? — Thomas ficou atordoado.

— É como nós chamamos o cara que tem a missão de beijar uma mulher depois que ela termina um longo relacionamento — expliquei.

— Vocês chamam a gente da band-aid? — Ele ainda estava incrédulo. — Isso é machismo.

— Não é machismo, seu burro. — Nós duas falamos ao mesmo tempo, dando gargalhadas altas.

— Vocês entenderam.

Com uma expressão magoada, ele levantou e se deitou na cama. Girou o corpo para nós e ficou nos encarando, pensativo, por longos segundos até que finalmente resolveu desembuchar.

— Já temos ideia de quem vai ser o band-aid?

— Não, Tho, se tiver alguma sugestão podemos analisar no nosso S.A.C. amoroso — Isabella respondeu, em tom de desafio.

— Tem que ser alguém desconhecido — comentei.

— Por quê? Seria muito mais fácil com alguém que te conhece bem e entende o que você passou… — Thomas sugeriu, mas nem dei oportunidade.

A função de um band-aid era proteger a ferida enquanto ela ainda estava aberta, mas era também ter a difícil tarefa de beijar alguém que, por muito tempo, só conseguiu beijar outra pessoa. Ao mesmo tempo que era emocionante, tornava-se uma carga pesada. Sempre aconselhei as minhas amigas que fosse alguém que elas não conheciam e não faziam ideia do que elas tinham passado. Evitava que a pessoa se comovesse com a história.

Só que era humanamente impossível que alguém que morasse em New Plymouth não soubesse da minha tragédia amorosa. A cidade toda tinha comentado sobre o ocorrido e me olhava com piedade. Seria necessário viajar até a capital para encontrar um band-aid desconhecido. E ainda era muito provável, graças ao Instagram, que a pessoa também já soubesse.

— Só sei que precisa ser alguém — desabafei.

— Vai ser, só não fica pensando muito nisso, para não criar expectativas. — Thomas se manifestou.

— Deixa acontecer — Isabella completou.

você será capaz DE EXISTIR mesmo que NÃO EXISTA mais um *relacionamento*

Duda Riedel

Thomas

SABE ALGO ENGRAÇADO SOBRE ESTRATÉGIA DE MARCA? ÀS VEzes, o produto ficava conhecido como o nome da empresa. Por exemplo, *Chiclete*, o nome verdadeiro era goma de mascar. Era o caso do band-aid. Ele era um curativo, mas quando pensamos em algo para aliviar o machucado, falamos: "*coloca um band-aid*".

O que queria dizer? Não fazia a menor ideia, pois estava feito um idiota, há 15 minutos de boca aberta, encarando Gabriela vestida incrivelmente bonita para a festa da minha namorada de mentira. Era tudo o que eu queria, ser o seu band-aid e arrumar toda a bagunça que Peter deixou na vida dela.

A vi assim no dia em que ela experimentou a roupa no quarto da Isabella, mas ela conseguiu ficar ainda mais bonita. Não sei se pelo cabelo arrumado, a maquiagem ou, até mesmo, o conjunto da coisa toda. Mas, fato era, ela nunca esteve tão linda em toda a vida.

— Uau — exclamei. — Não sei o que dizer. Você é a mais bonita desse lugar.

— Depois da Isabella. — Ela me cutucou.

— Sim, óbvio. A aniversariante não conta. — Na verdade, ela era a mais bonita do mundo inteiro. Só não estava preparada para ouvir ainda. — Vai beber?

— Não sei se devo.

— Por quê? — Já perguntei buscando o garçom com uma taça de champanhe. — Você está livre e desimpedida, certo?

— É. Acho que sim. — Ela virou a taça de uma vez, como se fosse um shot.

— Vocês estão aí... — Isabella apareceu, sorridente, puxando-nos pelo braço. — Vamos, preciso de uma foto com os dois e precisamos fazer isso antes de encher a cara.

Nós nos posicionamos atrás da mesa do bolo. Tínhamos uma foto parecida com aquela, do último aniversário que passamos todos juntos. A diferença era que Peter também estava presente. Ele tinha o poder de estragar tudo, até uma memória em um porta-retrato.

Olhei para Gabriela através do reflexo do espelho a nossa frente. Ela estava com um olhar perdido e aterrorizado. Parecia uma criança quando se perdia da mãe no supermercado. A vontade que dava era pegá-la no colo e trazê-la para perto de mim.

— O que está acontecendo? — Caminhei em sua direção e a impedi de entrar no banheiro.

— Preciso ir embora, isso foi uma péssima ideia, não estou preparada para ir a festas ou beber. — Ela olhou fixamente para o chão, incapaz de me encarar. — Tudo aqui me lembra ele. É como se a qualquer momento ele fosse aparecer.

— Ele não vai — garanti, com firmeza.

— Eu sei que não, mas era o que eu gostaria. Queria que nada disso tivesse acontecido e ter o meu namorado aqui — ela assumiu.

Nunca terminei um namoro, mas não parecia ser algo fácil. Ainda mais naquelas circunstâncias. Porém, já perdi meu pai, e não foi para a morte, foi em vida. E tinha plena certeza de que era muito mais difícil se despedir de alguém que fazia falta do que alguém que deixou saudades.

A falta fazia o coração dilacerar em pedaços. Era a certeza de que, enquanto você seguia, a pessoa continuava lá sem você. Já saudades era relembrar o que foi vivido e, infelizmente, não se terá mais. Talvez fosse por isso que a falta maltratasse tão mais do que a saudade.

— Você precisa ser forte. — Fiquei magoado com a ideia de ela ir embora. — Eu vou ficar com você o tempo todo.

— Não vai, Thomas, você vai ficar com Isabella. Ela é sua namorada e hoje é um dia divertido para vocês. Eu não quero destruir isso com meus dramas.

— Você não está sendo dramática — a corrigi e ela ficou ruboriza-
da. — Eu preciso muito mais de você aqui.

— Por quê?

— Porque eu te amo — falei, lentamente. — E eu não aguento ter
que ficar longe de você. Se for embora, vou ficar preocupado achando
que está sofrendo por um cara bem abaixo da média.

Logo começamos a rir e sabia que conseguiria convencê-la de ficar.
Sentia-me péssimo e horrível de vê-la daquele jeito. Mas aprendi com os
muitos términos de amigos que a pior coisa para quem estava sofrendo
pelo fim de relacionamento, era ficar sozinho em meio a um mar de gente.

— Precisamos de combustível — disse, enquanto andava em direção ao bar. — Toma isso.

— Urgh. — Ela sentiu o cheiro e fez uma careta.

— Sem *urgh*, vira uns três desses que você vai ficar no grau, mami.

— Álcool não deveria ser a solução para problema nenhum.

— E não vai ser, a solução é você se soltar e encontrar o seu tal
band-aid. O álcool vai ajudar apenas para atrapalhar sua vista e aumentar sua miopia.

— Você não está pensando em me fazer ficar com um cara feio, não
é Dr. Thomas? — Ela virou o segundo shot e consegui sentir o gosto
rasgado na minha garganta também.

— Jamais, mas de *Brad Pitt* só vai ter eu e, infelizmente, não estou
disponível. — Levantei os ombros.

Menos de meia hora depois, Gabriela entrou no seu álter ego e
se perdeu completamente no personagem de estudante de medicina
bolsista que fazia a lição de casa com duas semanas de antecedência.
O pobre (ou rico) *Dior* que Isabella emprestou, estava sujo de tantas
quedas que ela levou na grama do jardim. Mas nada daquilo a impediu
de continuar linda.

Ela estava em cima do palco, onde o DJ tocava Famous, do Kanye West.
E, então, começou a gritar descontroladamente para trocarem de música,
quando levou uma queda e caiu praticamente nos meus braços. Por sorte,
amorteci a queda a tempo, do contrário ela poderia ter se machucado.

— O que é isso? Quer se matar? — brinquei.

— Kanye West é o maior babaca, eu sou Team Taylor Swift — ela
respondeu, enrolando a língua.

— Não é possível que você esteja falando disso agora, ninguém está nem ai pro mundo do pop, G. — Deslizei a mão pelo seu rosto e finalizei com um soquinho em seu ombro. — E só pra avisar, já percebeu como a Jéssica parece um cover esquisito da Taylor?

Engoli um suspiro de arrependimento quando as palavras saíram da minha boca. Sabia que tinha dado uma bola totalmente fora, mas não foi a intenção. Meio milésimo depois que a frase fora dita, uma nuvem de tristeza nublou as redondezas e Gabriela saiu chorando em direção ao banheiro.

Arregalei os olhos, assustado, pois jamais pensei que aquilo fosse acionar gatilhos tão profundos dela. Deus do céu, que merda que fiz. Maldita Taylor. Corri atrás de Gabriela, ziguezagueando entre as pessoas já bêbadas da festa, puxando-a com a mão quando a alcancei. Com relutância, consegui impedi-la de entrar no banheiro feminino antes de construir uma piscina olímpica com tantas lágrimas.

— Podemos pedir pro DJ tocar alguma das indiretas que Taylor escreveu para o Harry Styles, com certeza ela tem alguma música sobre término. — Desatei a falar.

— Não quero — respondeu, quase berrando, e senti meu tímpano quase estourar. — Estou péssima, Tho. Quero minha casa.

E, por um descuido, a perdi novamente. Ela entrou no banheiro e fiquei esperando do lado de fora. Estava há, pelo menos, 25 minutos naquela porta e já entrou e saiu umas 5 meninas diferentes. Quando, por fim, percebi que não havia mais ninguém lá dentro além de Gabriela, invadi o toalete e tranquei a porta. Encontrei Gabriela jogada no chão imundo, com o rosto encostado nos joelhos, desolada.

— Você não vai me escapar, mocinha. — Entrelacei meus dedos nos dela, e me sentei ao seu lado. — Isso está nojento.

— Preciso ir embora, estou um caco.

— Posso te levar se quiser... — Ofereci, em tom de tristeza. — Mas só se você me prometer uma coisa.

Ela soltou um suspiro lento e enxugou as lágrimas que escorriam por suas bochechas coradas. A maquiagem derreteu e estava marcando uma mancha preta embaixo das pálpebras. Parecia um urso panda com sono.

— O que você quer?

— Quero que antes de ir embora você encontre seu band-aid.

Ela fez menção a negar, mas fui mais rápido e a cortei com um olhar aterrorizante.

— Quem você sugere?

— Qualquer um que você queira.

— Não tem ninguééééém, Thomas! — ela rosnou.

— Óbvio que há, qualquer pessoa faria de tudo para ter você. Eu faria.

— Você namora — rebateu.

— E ainda assim faria...

Silêncio.

Deixei que o clima tenso passasse e ela se levantou, fingindo que nada aconteceu.

— Vamos, vou procurar esse maldito band-aid e depois vou para casa. Estou acabada — disse, entristecida, caminhando para a porta trancada. — Me dá a chave.

— Que chave? — Fiquei meio desnorteado.

— A que você usou para trancar a porta.

Não lembrava de ter usado chave nenhuma. Mas devia estar no meu bolso. Busquei nos de trás e nada. Passei a mão pelo da frente e nada. A cabeça estava girando. Estávamos presos. Estava preso com Gabriela em um banheiro feminino no aniversário da minha namorada de mentira. Desviei o olhar, sabia que ela iria brigar e me chamar de desatento.

— Perdi a chave — desembuchei.

— Impossível, você entrou agora, passa para cá.

Ela avançou em minha direção e começou a mexer pelos meus bolsos, quase apalpando minha bunda. O código masculino com o camarada pé grande não conseguia diferenciar quando uma mulher estava de fato acariciando lá embaixo ou apenas querendo procurar a maldita chave. E eu não fui o único a notar.

— Thomas, por que raios você está duro?

— Não estou duro — menti na cara dura.

— Está sim, isso é nojento. — Sua cara me fez brochar.

— Você tem nojo de um cara atraído sexualmente por você?

— Tenho pavor em saber que logo você está atraído sexualmente por mim.

A sua expressão era de felicidade, embora o que estava dizendo fosse o completo oposto. Ela também me queria. Eu sabia que sim. Estreitei os olhos e continuei entrando em seu jogo.

— Não é atraído sexualmente por você, e sim por qualquer pessoa que tenha um buraco no meio das pernas.

— Sou qualquer uma então? — resmungou, enfurecida.

— Jamais. — Um grito desesperado saiu de minha garganta. — Vamos, vou te ajudar a procurar essa chave.

— O que foi? Quer se livrar logo de mim? — ela questionou, interessada em manter a conversa.

— Não... — respondi lentamente. — Só quero logo encontrar minha namorada, dar um beijo nela e ir para o quarto dormir de conchinha.

Sem mais uma palavra, ela saiu do meu caminho e se sentou outra vez no chão molhado com bebida de festa. Seu choro em resposta a minha provocação soou discreto, mas era impossível disfarçar.

Se eu achasse que o mundo girava ao meu redor, diria que ela ficou com ciúmes do meu cronograma fictício com Isabella, mas sabia que, na realidade, ela ficou foi com inveja. E não de mim, e sim, por mim. Ela também queria fazer tudo aquilo, mas, infelizmente, teria que se contentar a voltar para casa e chorar até pegar no sono. A dor em seus olhos me mostravam que Gabriela não precisava beijar ninguém hoje, ela necessitava apenas de alguém que cuidasse dela.

— Não queria que você passasse por nada disso. Se eu pudesse, arrancaria a cabeça daquele... — Deixei a frase morrer no ar.

— Nada disso me deixaria melhor, Thomas —respondeu, amargurada. — Merda, preciso de uma bebida agora.

Olhei para frente e, em cima da pia, tinha 4 garrafas de cerveja bebidas pela metade. Peguei duas para cada e dei o primeiro gole. Se tivesse algo além de cerveja ali dentro, poderia trocar o quarto da Isabella por um pronto socorro.

— Isso pode ter... — Sua voz falhou. — Dane-se, vou tomar.

— Isso, Gab. — Bati a palma da mão contra a sua. — Sem pensar muito.

— Será que vão dar falta da gente? — Gabi rolou a cabeça por cima do meu ombro.

— Provavelmente não. Estão ouvindo One Direction, essa festa chegou a níveis bem densos. — Ri baixinho e fiz carinho em seu cabelo com as pontas dos dedos. — Vai ficar tudo bem.

— Quando? — Seu rosto corou. — Queria saber o dia exato que essa dor vai passar.

— Se eu pudesse tirar de você, eu faria. — E faria com o maior prazer. — Mas uma hora vai melhorar. Você é fantástica e não preciso repetir isso sempre, mas…

Quando me dei conta, no meio do meu monólogo incentivador, Gabriela estava de pé e subindo em cima da pia ao som de *Best Song Ever*. Estava dançando como se fosse um dos integrantes da banda e chegava a ser cômico.

— Eu detesto você, Thomas Beck, por me fazer perder a melhor música da noite. — Ela mostrou a língua.

— Você está parecendo minha irmã quando tinha 13 anos — falei mais alto, para que ela escutasse.

— Essa música é incrível! — Ela continuou a beber o resto da segunda garrafa. — E ele que me perdeu mesmo. Sou muito mulher para ele. O que você ia falar mesmo?

— Que você é maravilhosa.

— Que mais? — berrou.

— Divertida.

— O que mais? — Sua voz estava estridente e animada.

— Inteligente pra caramba. Futura melhor hematopediatra de New Plymouth.

— O que mais, Thomas? Quero mais ainda!

— Gata e gostosa! — Fiquei de pé e parei em sua direção, acompanhando seus movimentos.

— Mais! — Ela estendeu os braços para cima, revigorada.

— A mulher mais incrivelmente atraente que eu já vi.

E, então, ela caiu de cima da bancada do banheiro, em meus braços pela segunda vez na noite. Sabia que não tinha sido proposital, pois tomou um susto daqueles. Talvez fosse o destino, tentando nos juntar de novo. Estávamos a um palmo de distância. Conseguia sentir o seu hálito em mim.

Não havia muito o que dizer, porque estávamos falando através do olhar. Ficamos estáticos por alguns minutos. Ninguém ameaçou mover um centímetro. Minhas bolas se contraíram, nunca fiquei tão nervoso perto de uma mulher. Não tinha ideia do que fazer, fiquei medo de cruzar a barreira. Estava obcecado por Gabriela.

Acariciei seu ombro nu e ela pegou na minha cintura com mais força. Seus olhos se estreitaram e não havia mais nada para segurar. A joguei contra a parede e me posicionei entre suas pernas. Segurei sua nuca com a mão e comecei a beijar seu pescoço com tanta vontade que poderia ser considerado um aspirante a vampiro.

E, então, nossos rostos estavam colados novamente e cruzei o sinal vermelho sem pensar duas vezes. Esperei mais de quatro anos por aquilo. Seu gosto era adocicado e seu beijo, molhado. A sua respiração irregular mostrava que ela também estava gostando. Senti como se flutuássemos.

— Porra — murmurei enquanto acariciava seu peito por cima do vestido.

— Isso é um erro, Thomas — ela sussurrou.

— Esse é o erro mais gostoso que já cometi.

Seus mamilos ficaram duros e eu corri a mão por debaixo da sua roupa, sem afastar nossos lábios. Ela pressionou as pernas contra as minhas e meu pau ficou apertado dentro da calça. Abaixei para acariciá-la e a visão era ainda melhor. Estava completamente molhada.

— Nossa — sussurrei.— Você tá demais.

— Precisamos parar isso agora — falou, e uma risada escapou, mas ela não parava de me beijar.

— Nem pensar.

Movi a língua até fazê-la arfar de prazer. Ela apertou meus ombros com tanta força, que senti suas unhas me ferirem. Puxei-a para um novo beijo. Podia sentir a ereção aparecer entre o tecido da calça e quando, enfim, ela me lançou contra a parede, lutando para também ter coragem de parar, a porta se abriu e ouvi a voz de Virginia, trazendo-nos de volta à realidade.

23

Gabriela

— VIM SALVAR VOCÊS. — A VOZ AGUDA DE VIRGINIA MILLER ERA quase uma navalha em meu peito.

Eu era a pior pessoa do mundo. Minha cabeça começou a girar tanto, um embrulho se formou em meu estômago. Uma vontade repentina de... VOMITAR! Sim, vomitei. O jato de vômito foi todo de uma vez. O líquido vermelho me causou espanto de primeira. Estaria vomitando sangue? Não, apenas vodka e suco de cranberry. Nojo. Decepção. Queria estar em algum conto de fadas e pedir para que minha fada madrinha acabasse com tudo aquilo. Mas não estava em nenhuma produção encantada da Disney, aquilo ficou mais parecido com Carry, a estranha.

— Você está bem? — Thomas segurou meu cabelo enquanto eu desfalecia, colocando todos os croquetes que comi para fora.

— Eu pareço bem? — respondi, irritada

— Galera, quase não consigo abrir a porta. Emperrou pelo lado de fora. — Sorte ou azar? Não conseguia distinguir, mas algo me indicava que a Virginia não viu a cena lamentável que eu tive o prazer de ser protagonista. — Gab, você está bem? Bebeu além da conta?

— Acho que sim — respondi, enquanto limpava o canto da boca.

— Preciso sair desse lugar agora.

— Espera, eu te levo! — Não era possível que Thomas ainda achasse que terminaríamos o erro que começamos.

— Nem pensar — disse, ríspida. — Vai curtir, pra mim já deu de festa.

Tentei parecer o mais amigável e desnorteada. Aquilo foi uma alucinação. Tinha certeza de que foi. Eu não poderia ter sido tão estúpida assim com minha melhor amiga logo quando voltamos a nos reaproximar. E o pior de tudo era que acabei de fazer exatamente o que fizeram comigo há pouco tempo. Sentia-me um lixo de pessoa.

Entrei em um táxi e, no caminho, fui repassando a cena completa na minha cabeça e me perguntava: POR QUE EU FIZ AQUILO? Porém, o que mais me intrigava era POR QUE EU GOSTEI TANTO DE FAZER? Será que era por carência? Ou talvez pelo nível de álcool no sangue? Ou, pior ainda, será que era porque foi com Thomas?

Mesmo que eu quisesse negar aos quatro ventos, sabia que tinha um pé atrás por nunca ter terminado aquela história do passado com Thomas. Mas não precisava acontecer justo quando ele estava namorando Isabella. Meu. Deus. Do. Céu. Queria vomitar de novo. Entrei em casa e deu de cara com John, meu irmão, assistindo algum filme pornô na televisão da sala.

— Ai que péssimo, por que você não assiste isso no seu quarto? — Andei em direção à cozinha para pegar um copo de água.

— Porque a televisão aqui é 4k, dá pra ver melhor o mamilo da atriz. — Ele desligou logo depois. — Como foi a festa?

— Terrível. — Revirei os olhos, lembrando do ocorrido. — Mas Isabella estava radiante, isso que importa.

— Thomas está me ligando. — Meu coração gelou quando meu irmão ameaçou atender.

— NÃO ATENDE! — ordenei.

— Por que não?

Olhei para o meu celular e vi 23 mensagens dele, perguntando se cheguei bem. Devia estar preocupado. Droga, além de beijar maravilhosamente bem, ainda era cavalheiro. Estava na hora de parar com todo o sentimentalismo, Gabriela, por favor.

— Atende e fala que eu cheguei já, mas que estou fora de mim e que você está me dando banho. — Ele começou a rir. — Agora, John. Ou então falo para a mamãe sobre seu pornô. — John exasperou, vencido.

— Ok, sra. Mandona. — Ele incorporou o personagem de irmão preocupado. — Fala, Thomas. Sim, ela chegou. Está péssima, vou dar um banho nela — rosnou. — O que vocês deram pra ela? Olha, ela está bem mal mesmo. Não sabe nem o próprio nome, provavelmente amanhã não vai lembrar de nada e acordar de ressaca. Vou indo, obrigada por se preocupar. — John levantou as mãos para o alto em sinal de glória. — Netflix poderia me contratar, sou um ator do caramba.

— Valeu, garotão.

Deixei o copo na bancada e subi em direção ao quarto.

— Espera — ele gritou. — Você não vai me contar o que rolou?

— Nem eu entendi ainda. — Engoli em seco e fui em direção ao meu quarto, pronta para me afundar no travesseiro e tentar esquecer de verdade a péssima pessoa que fui hoje.

Eu precisava parar de misturar bebida. Se meus planos eram ser uma solteira guerreira e frequentadora de festas e afins, eu precisava — URGENTEMENTE — aprender a me comportar. E incluía não beber cervejas deixadas no banheiro de uma festa por desconhecidos e nem mesmo virar três shots de tequila de uma vez.

Dentro da minha cabeça havia um caminhão. E dentro daquele caminhão, existiam inúmeras paranoias. Maldita ressaca moral. Muito pior do que qualquer dor de cabeça. Ontem, John precisou mentir a respeito da minha condição física, de tão angustiada que estava. Mas uma coisa ele falou e contém um tanto de verdade, eu realmente estava com uma ressaca moral tenebrosa.

Sentia-me suja em vários aspectos. O primeiro, e mais preocupante: eu traí a minha melhor amiga. Fiquei com o namorado dela, aquilo era terrível. Mas, ainda que seja terrível, eu estava me sentindo péssima por ter feito aquilo com o Peter também. Ok, eu não devia nenhum mísero respeito a ele, já que ele não teve por mim, mas por que eu tinha a sensação de que eu o devia algo?

Tinha dias que eu chegava a sentir vergonha por ainda pensar no meu ex-namorado. Porque eu sabia que precisava me acostumar com o fato de que ele não fazia mais parte de mim.

Levantei da cama com a cabeça ainda girando. Entrei no banheiro e tomo uma ducha rápida. Enquanto a água corria pelo meu corpo, as lágrimas também me limpavam. Nem conseguia distinguir o que era cada uma.

Saí do banheiro e minha mãe estava plantada em cima da minha cama, ansiosa pelas novidades. Vestida com seu melhor sorriso "o que você tem de novidades para me contar", a vontade que dava era me deitar em seu colo e pedir uma alteração de identidade, pois, honestamente, estava cansada de ser eu.

— Nada para me dizer? — Ela relaxou o maxilar quando percebeu a chateação estampada em meu rosto. — Foi muito ruim?

— Péssimo. — Limitei-me a dizer.

— Por quê? Todos seus amigos estavam lá... — Sua voz era doce e preocupada ao mesmo tempo. — Quer desabafar?

Talvez fosse melhor ir para o túmulo com aquela história entre Thomas e eu. Não queria dividir com ninguém a bobagem que fiz, mas minha mãe era o único ser humano no mundo que jamais me julgaria. Apesar de não conseguir dizer em voz alta, tentei, pelo menos, brincar com metáforas.

— Você acredita em lei do retorno? — comentei, tentando esconder a vergonha em meu olhar.

— Carma e essas coisas? — Ela arqueou as sobrancelhas, mas continuou. — Acredito, acho que sempre que fazemos algo isso volta para nós, seja bom ou ruim.

— Eu nunca tive sede de vingança desde o dia que tudo aconteceu. – Ela esboçou um sorriso, satisfeita. — Será que um dia Jéssica vai passar pelo mesmo que eu? — Ela balançou a cabeça, em concordância. — E será que um dia eu seria capaz de fazer com alguém o que aconteceu comigo?

— Em que sentido?

Fiquei tão nervosa que precisei me levantar e pegar uma escova de cabelo na bancada, só para me movimentar.

— Será que eu trairia uma amiga da mesma maneira que Jéssica me traiu?

— Jamais — ela afirmou com convicção. — Não faz seu tipo. E, caso você cometesse esse erro, você contaria imediatamente, não continuaria cometendo.

Engoli o nó de tristeza na garganta, mas logo em seguida meu estômago embrulhou como na noite passada. Thomas estava me ligando de novo e sou incapaz de atender. Queria evitá-lo pelo resto da minha medíocre vida. O que ele queria comigo?

— Não vai atender? — A expressão de choque de mamãe quando viu o nome de Thomas no meu celular, a fez entender o motivo daquela conversa toda. — Vou deixar você sozinha.

Thomas

HAVIA TRÊS DIAS QUE GABRIELA NÃO FALAVA COMIGO. ESTAVA me evitando de todas as maneiras possíveis. Nunca desejei tanto que as aulas voltassem para que, ao menos na faculdade, ela não fingisse que eu não existia. Mas estávamos de férias e eu não conseguia de maneira alguma que ela atendesse minhas ligações ou respondesse minhas mensagens.

Durante todo aquele tempo, respeitei seu espaço e não fui até a casa dela, mas agora já passara do limite. Eu não conseguia parar de pensar naquele beijo. E que beijo! Foi como se nossas almas se cruzassem no momento em que nossas línguas se tocaram. Mas, quanto a mim, seguia no meu canto, pois tinha medo de que ela se sentisse pressionada. Acabou de terminar um namoro longo, descobriu uma traição da pior maneira, ficou com o melhor amigo do ex e namorado de mentira da melhor amiga. Tudo bem que a última parte era a que eu tentaria contar se ela me atendesse, mas estava sendo impossível.

Tinha ficado tão sedento por um repeteco da noite que tivemos, que batia uma pensando nela toda noite no banho. A saudades que eu e meu camarada lá de baixo estávamos sentindo era angustiante. Então, estava seguindo o habitual de qualquer jovem universitário que levou um bolo da garota por quem era apaixonado, estava me entupindo de álcool e ficando embriagado em qualquer ocasião. E estava sendo um passatempo divertido, já que não conseguia tirar Gabriela da minha mente de maneira alguma.

Às vezes, achava que minha imagem estava sendo tão patética que já estava estampado na minha testa que havia algo errado. Nem conseguia mais disfarçar para meus amigos.

— Qual foi, não vai querer sair com a gente hoje? Chama a Isabella — Freddy disse. — Vai ficar bebendo isso pra acabar deitado no sofá?

— Acho que ela não tá afim de ir, eu também não — comentei, sem ânimo.

— Cara, o que está acontecendo com você? — Matt perguntou, intrigado.

— Nada — menti.

— Parece que você está esperando uma ligação do banco a cada minuto. — Ele riu. — Você está devendo dinheiro ou coisa assim? Posso te emprestar. Porque, sério, olha pra isso... — Ele apontou para o meu celular. — Você não desgruda o olho dessa tela.

— É algum problema com a Isabella? — Freddy questionou, insistindo.

— Não, quer dizer, é. — Gaguejei. — Acho que preciso ir lá na casa dela resolver logo isso.

Saí da república dos meus amigos em direção a casa de Isabella. Precisava que ela me ajudasse. Fiquei vagando na mente o que eu iria falar pra ela. "Oi, sei que não namoramos de verdade, mas, supostamente te trai com sua melhor amiga e preciso de ajuda para que ela fique comigo de novo". Soava até engraçado, se dito em voz alta. Achava que aquela história era tão boa, que eu poderia vender para algum autor e transformá-lo em um bestseller.

O único problema era que se tratava da minha vida e, pelo que me lembrava, meu contrato de namoro com Isabella estava mais próximo do fim. Ela pediu para esperar uma semana após seu aniversário. Então, iria garantir meu aviso prévio e conquistar a garota pela qual esperei por 4 anos.

Peguei o carro e cruzei a avenida. Menos de três quilômetros depois, a sirene da polícia é acionada e tive que encostar. Estava há exatos dois minutos da casa dela e, pelo que vi nos stories do *Instagram*, Gabriela não estava lá. Era minha chance.

— Seu documento e o do carro, por favor. — O policial devia ter quase dois metros de altura, uma voz grossa e barba por fazer.

— Aqui, senhor — respondi, agoniado

Ele passou uns cinco minutos analisando, até que quebrei o silêncio com uma tosse, que foi completamente ignorada. Com alguma sorte, até a meia noite eu chegaria por lá.

— Rapaz, esse licenciamento está vencido há dois anos.

— Jura? — disse, sarcástico. — Posso pagar agora e ser liberado? Tenho mais o que fazer hoje.

— Preciso que antes você faça um teste de bafômetro.

— E se eu não quiser?

— Não existe não querer, meu camarada, estamos em New Plymouth. Não toleramos pessoas dirigindo bêbadas.

Meu olho revirou. Não toleravam mesmo. A filha do prefeito morreu atropelada por um cara alcoolizado. Desde então, a cidade havia feito segurança extra naquele sentido. Eu não sabia onde estava com a cabeça quando resolvi ir dirigindo.

Na verdade, sabia sim. Em Gabriela. E era o suficiente para me fazer perder o pouco de racionalidade que me restava.

Não precisei nem soprar muito para que o teste desse positivo. Seria ótimo para o meu currículo ter que lidar com uma noite na delegacia.

— Aí, Bobby, pode abrir o porta-malas que temos bagagem.

— É realmente necessário tudo isso? — gritei por cima do som estridente da sirene ainda ligada. — Eu tenho direito a uma ligação? Tipo como nos filmes.

— Garoto, tem sim, mas espero que você escolha bem.

Eu não escolhi. Poderia ter ligado para Matt, que tinha pais advogados e iria me livrar daquela situação. Ou quem sabe para minha mãe, que embora enfartasse sabendo que estava em uma cela com um cara que deve ter sido preso por porte de drogas, iria dar seu jeito de me tirar dali. Também poderia ter ligado para Isabella, que era tão rica que pagaria a fiança e ainda iria tirar uma selfie comigo na prisão para rir daquilo pelo resto da vida. Mas eu liguei para a única pessoa que não estava me atendendo durante a semana inteira. Chegando na delegacia, concederam-me mais uma chamada.

— Você só pode tentar ligar pra ela mais uma vez. — O tal do Bobby disse, enquanto inclinava a mão esperando o celular de volta.

— Cara, acho que ela realmente não quer mais me ver — comentei, desanimado.

— Você precisa dar um gelo nela. —Josh, o outro policial que me prendeu, sugeriu.

Sim, precisei contar para eles toda a minha história dos últimos dias. Talvez pela quantidade generosa de álcool no meu sangue, por nervosismo em estar sendo preso ou, até mesmo, porque eu precisava dividir com alguém. Então pareceu razoável desabafar com os policiais que me prenderam sobre a menina por quem sou completamente apaixonado há quatro anos e estava me ignorando.

— Já chega. — Josh tomou o celular da minha mão, como se fosse uma arma. — Vou falar com o delegado pra você ter direito a falar com outra pessoa.

E, então, meu celular começou a vibrar.

— É seu dia de sorte, meu amigo! — Bobby comemorou como um gol de copa do mundo. — Ela retornou a ligação.

Ele arremessou o celular por dentro das grades e eu atendi, entusiasmado, mas logo fui interrompido.

— Thomas, me deixa em paz não quero falar com você, ok? — Sua voz tinha um amargor.

— Sinto muito te desapontar, mas não estou ligando pra falar sobre o acontecimento de...

— Shiu! — Ela me mandou calar a boca. — Não quero lembrar disso.

— Estou preso! — Quase grito.

— Que? — Ela se assustou e o tom de voz mudou, menos irritada. — O que diabos você fez?

— Fui pego no teste de bafômetro, não foi muita coisa, mas... — Suspirei. —Preciso que você venha para cá, senão eu não serei liberado e o carro vai ficar preso.

— Chego em 10 minutos.

Não via Gabriela desde o dia do ocorrido, apesar de ter olhado todos os dias o seu perfil nas redes sociais. Assim que ela chegou, exalando seu perfume doce, todos os meus pelos se arrepiaram. Definitivamente, estava apaixonado por aquela mulher.

Acima de tudo, eu e ela éramos melhores amigos, a conhecia como ninguém mais. E sabia que toda aquela pose de malvada quando estava irritada, torna-me um alvo fácil. Gabriela era um amor de pessoa, mas conseguia ser bem cruel quando estava com raiva de você. Existia um ditado maravilhoso, que dizia: "quando um não quer, dois não fazem". Portanto, estava completamente ciente de que não a forcei a nada. Talvez sua chateação fosse com ela mesma.

— Oi, linda! — respondi, mordendo o lábio inferior para conter o riso.

— Não me chame como você fala com suas peguetes de quinta categoria — resmungou, mostrando o dedo do meio.

— Bobby, se liga, essa é a garota que falei! — Ela se acanhou diante do meu comentário e ficou corada. — Não precisa ficar assim, contei para ele sobre nossa história de anos de desencontros e amor.

Gabriela me fuzilou com o olhar, girou o corpo e saiu caminhando para saída.

— Eu tô brincando, juro! — berrei. — Preciso sair daqui, Gabriela. Volta!

— Não acredito que você falou sobre isso com o policial, pra quem mais você contou? — Ela falava entredentes para que ninguém mais ouvisse. — Quer que eu seja queimada em praça pública? Ainda não tive coragem de conversar com Isabella...

Podia sentir o desespero em seu timbre. Então, cheguei mais perto das grades que nos separavam e segurei sua mão.

— Quando eu sair daqui vou te explicar tudo, eu prometo.

— Não quero explicações, Thomas. — Ela bufou, como se não houvesse nada para explicar. — Vamos, temos que conversar com o delegado.

Então, Bobby abriu a porta e piscou, contente. Sem dúvidas havia uma torcida na nossa história. Entrei na sala do delegado e ele estava tomando um café forte, o que me causou um enjoo pela gastrite. São 2h da manhã. Ele era alto, moreno e tinha um jeitão de ator de filme pornô.

— Ele é seu namorado? — A pergunta foi direcionada a Gabriela e senti vontade de rir.

— Não! — ela anunciou, com terror na voz, e então fez uma pausa. — Apenas estudamos juntos, o que vai ser feito?

— Olha, garoto. — Ele se aproximou, com um olhar entediado. — Acabei de prender dois caras com 40g de ecstasy, você será o menor dos meus problemas. Mas preciso que pague o financiamento do carro e a multa por ter bebido.

— Sem problemas, quanto ficou tudo? — Estava desesperado por um banho e não conseguia ficar mais nenhum minuto naquele local.

— Fica em torno de duas mil pratas.

Meu queixo caiu. Eu precisaria trabalhar seis meses seguidos como garçom no Joe's para conseguir aquele dinheiro.

— Nenhuma chance de diminuir esse valor em causas sociais? — Gabriela perguntou com gentileza. — Ele pode doar sangue, limpar a pracinha…

— Você acha que estou de sacanagem? — O delegado arqueou a sobrancelha e tive vontade de chorar. – Ou é isso ou ele fica aqui mais uns dias.

Virei-me para Gabriela, agarrei seu braço e a puxei para o outro canto da sala, para falar em seu ouvido. Consegui perceber o seu arrepio instantâneo, o que me deixou extremamente excitado:

— Liga pra Isabella.

— Você está louco? — ela resmungou. — Tem sido difícil ignorar as mensagens dela. Não estou pronta para falar disso agora.

— Mas só ela vai conseguir me livrar daqui, depois eu te explico o que aconteceu.

— Não, nem pensar. Jamais. Você não vai fazê-la pagar a fiança depois de ter a traído comigo. Isso é baixo demais, Thomas — balbuciou tão rápido que me perdi pelas palavras. — Você é um tremendo embuste.

Embuste? Eu queria me casar com aquela menina e ela achava que eu não valia nada.

— E aí, decidiram o quê? — O delegado perguntou, impaciente. — Não tenho o tempo todo para isso.

— Vamos pagar a fiança. — A voz trêmula de Gabriela implorou por socorro. — Só esperar nossa amiga chegar.

25

Gabriela

JÁ FUI MUITO INCONSEQUENTE NA MINHA VIDA. QUANDO ERA adolescente, aprontei demais, mas desde que precisei me tornar uma aluna exemplar para conseguir a bolsa de estudos na Lincoln, nunca mais cometi um erro sequer. Minha única loucura foi ter passado tanto tempo com Peter.

Porém, recentemente, estava carregando a culpa de ter traído a confiança de uma das pessoas mais importantes da minha vida e andava me sentindo um verdadeiro saco de lixo. No entanto, a pior parte da história inteira era que não parava de pensar em Thomas. Ficar ao seu lado sem beijá-lo era uma tarefa dura. Só que todos os pensamentos impuros evaporaram no momento em que Isabella entrou naquela delegacia.

— Me digam, por favor, que vocês não foram pegos com maconha. — Sua risada maléfica tornou a situação até um pouco mais leve.

— Preciso de dois mil. — Thomas estava atordoado e foi direto ao ponto.

— Sinto muito, baby, não sou cafetina e nem sua *sugar mommy*.

O delegado deu uma risadinha no fundo da sala.

— Você aceita cartão de crédito? — Isabella era inacreditável.

— Sério, Isabella? — Thomas gritou, escandalizado.

— Você me deve uma Gucci, cara.

Saímos de lá e conseguia sentir o olhar de Isabella nos acompanhando. Não sabia se ela já havia sacado que estávamos escondendo algo e, apesar da vontade de vomitar só de pensar na possibilidade, segui firme.

Arregalei os olhos para Thomas, impedindo-o que falasse algo. Aquele não era o momento adequado. Eram quase quatro da manhã e havíamos acabado de sair da delegacia.

— O que está rolando? — Isabella soltou as palavras como se adivinhasse meus pensamentos e senti vontade de me jogar no meio da avenida de vergonha.

— Nada, acabei de ser preso — Thomas disfarçou.

— Eu vou indo para casa. — Sorri com um nervosismo visível.

— Vocês não preferem dormir lá em casa? Vamos todos.

— Não — respondemos em uníssono.

A negação fez com que ela ficasse um pouco desconfortável.

— Thomas dorme com você e te acompanha até em casa, afinal, está tarde. — Ele revirou os olhos com minha sugestão. — Eu vou indo, pois preciso estudar amanhã cedo.

— Estamos de férias — ele comentou, deixando-me irritada.

— Mas nem por isso vou deixar de estudar. Tenho princípios.

— Não parece — ele resmungou e foi a deixa perfeita para que eu saísse de perto.

Entrei no táxi e deslizei pelo banco. Recostei a cabeça na janela e as lágrimas começaram a escorrer pelas bochechas. Poderia facilmente tocar alguma música da Rihanna como trilha sonora daquele momento terrível que estava vivendo. Mas fui agraciada apenas com a rádio country que o motorista colocou.

Sabe qual era o problema da traição? Ela machucava todos os lados. Quem era traído se sentia menosprezado, e quem traía sentia o peso da consequência. Ninguém saía ganhando na história.

Perguntava-me com frequência o que me levou a fazer aquilo. E, honestamente, preferia acreditar que foi a carência. Carência não era amor. Era a dor de não ter a quem amar. Não amava Thomas daquela forma, sabia que não.

Eu me afoguei naquela situação rasa por saudade de quem me dava um oceano. **Era o que a carência fazia com a gente. Transformava qualquer sentimento meia boca em paixão fulminante.** O problema maior era que ela também era traiçoeira e, depois de suprida, sumia e não deixava sinal.

Quer dizer, sinal ela até deixava. Sinal de arrependimento por ter levado adiante algo que já sabia que não seria um caminho de luz. Era rua sem saída, tinha placa avisando e tudo. Mas eu fui lá me entregar para tentar compensar as doses altas de saudade que Peter me deixou.

Quando ficamos carentes, aceitamos misérias apenas para não nos sentirmos abandonados. E era esse o ponto. A melhor maneira de curar a carência não era ligando para um pente certo às 2 da manhã, nem pedindo incansavelmente para seu ex voltar e nem, muito menos, beijando seu melhor amigo que era comprometido. A gente curava carência com a gente. Sabe o antídoto para picada de cobra? É feito com o próprio veneno. A gente não devia procurar a solução para os nossos anseios nos outros, tínhamos que buscar dentro de nós.

Eu não errei com a razão e, sim, com a emoção de querer resolver uma dor que precisava de tempo para cicatrizar.

26

Thomas

Isabella estava parada na frente da porta do quarto de hóspedes me fitando com seus olhos azuis. O cabelo loiro caiu sob o rosto e ela o ajeitou rapidamente. Fiquei observando-a, esperando que dissesse algo, mas ela não falou nada. Soltou um suspiro profundo e começou uma conversa que já havia ouvido antes.

— Thomas, tenho gostado desse lance de namorado... Mesmo que seja de mentira.

Franzi a testa e acompanhei seu raciocínio, embora soubesse que a conversa poderia tomar um rumo do qual não gostaria.

— Temos passado bastante tempo juntos e tem sido legal.

— Você é legal, Bella. — Limitei-me a dizer.

— Sei que combinamos que logo após meu aniversário iríamos dar um basta nisso, mas... — As veias estavam pulsando em seu pescoço, parecia nervosa. — Pensei que poderíamos continuar.

Eu me ajeitei na cama para conseguir olhar em seus olhos e me atormentei ao perceber que ela estava mesmo falando sério. Distraída, ela apertou a mão entre as coxas, fazendo força. Estava completamente envergonhada. Não sabia como tornar aquilo menos embaraçoso.

— Bella, é que... — Não tinha jeito menos doloroso de falar aquilo, então decidi ser sincero. — Você sabe que nós dois não combinamos.

— Mas naquele dia, na casa dos caras, a gente tentou.

— E não funcionou. — Desabei na cama, encarei Isabella que pareceu chateada com meu comentário.

— Estávamos bêbados demais. Podíamos tentar outra vez.

Fiquei de pé e caminhei em sua direção. Coloquei as duas mãos em seu rosto.

— Você é uma pessoa incrível, Bella, mas não sou apaixonado por você... Seria errado da minha parte tentar outra vez se não tenho a intenção de amá-la.

— Você ainda gosta dela? — Ela me encarou com as pálpebras pesadas.

Meu olhar percorreu seu rosto empalecido. O seu jeito mandão e arrogante se transformava em meigo e delicado quando ficava desarmada. Toda sua pose se perdeu naquele momento. Isabella se despiu de toda vaidade para se declarar e, infelizmente, não poderia corresponder às suas expectativas. Sentia-me péssimo.

— Sim — disse, com firmeza.

— Foi o que pensei... — respondeu, com cautela.

Em seguida, ela saiu e fechou a porta do quarto com força. Era de doer o coração saber que não podia satisfazer o desejo dela. Isabella criou uma persona forte e autoritária, mas, se você tivesse o prazer de conhecê-la de verdade, perceberia que a armadura era apenas para blindar seu sofrimento. Ela tinha sim o sonho de namorar, casar e ter filhos. Só que ainda não havia encontrado alguém que soubesse lidar com a mulher forte que ela era.

Menos de duas horas depois, estava de pé. Não sabia bem se o que tivemos na noite anterior foi um término, já que nunca namoramos de fato. Mas sabia que não seria interessante acordar e ter um café da manhã familiar depois de tudo. Por isso, saí logo da casa dela e fui em direção ao meu refúgio.

Não importava como minha vida estava, Matt sempre tinha bons conselhos para me dar. E sua vida era tão caótica que se tornava um alívio saber que meus problemas sempre eram menos relevantes do que suas tretas familiares. Meu pai e eu não nos dávamos muito bem, mas ainda era privilegiado de ter uma mãe tão incrível. Já Matt, não tinha sorte por nenhum dos lados.

Entrei na casa dele pela porta dos fundos, que sempre estava aberta. Ele me olhou dos pés à cabeça, analisando meus movimentos.

— O que você fez para ter ido em cana? — Ele estreitou os olhos e perguntou, antes de desatar a rir. A fofoca chegou bem rápido, pelo visto.

— Tô com um problema maior, cara — disse, com a voz rouca. — Supostamente, traí Isabella.

— Você? Logo você, traindo alguém? — Ele virou a cabeça para trás, soltando um suspiro. — Isso é realmente pior que ser preso. Ela vai te matar.

— Nós não estávamos namorando de verdade.

Matt fixou os olhos em mim, sem entender o que estava acontecendo. Caminhou até o corredor e fechou a porta que dava acesso aos quartos. Realmente, ninguém precisava ouvir sobre.

— Me explica isso direito — ele me pressionou.

— Começamos a namorar de mentira, era um plano para afastar Peter e Gabriela. Só que aí a Isabella se apaixonou por mim, e eu a traí. Sendo que não é bem uma traição, porque não namorávamos. Era apenas um trato.

Meu amigo ficou atordoado com tantas informações.

— Certo. — Ele fez uma pausa. — Peço encarecidamente que você diga que não a traiu com a única pessoa que, de fato, faria isso tudo se tornar uma traição.

Nós nos entreolhamos por um segundo. Ele com uma expressão de expectativa no rosto, e eu de desespero.

— Gabriela — comentei, e Matt balançou a cabeça, em negação.

— É, agora temos um problemão.

Não tinha parado para pensar, mas realmente, a única pessoa que faria tudo se tornar uma traição de verdade seria a Gabriela, pelo que ela representava na vida de nós dois. Mesmo que Isabella não estivesse apaixonada por mim, ainda assim, seria uma deslealdade.

Engoli a seco a saliva e fingi não me importar com seu julgamento.

— A Gabriela já sabe que o seu *pseudonamoro* com a Isabella era uma farsa?

— Não, se ela soubesse, eu teria que contar o motivo da mentira e também teria que contar que... — Ele ergueu uma sobrancelha. — Que eu sabia que Peter estava com Jéssica.

— Você sabia? — Ele gesticulou, horrorizado.

— Soube uns dias antes...

— Cara, você está completamente ferrado. Ganhou de mim. — Ele tentou descontrair.

Não era bem o que eu estava esperando ouvir de Matt. Normalmente ele tinha conselhos mais promissores a dar. Porém, levando em consideração que estava arruinado em todas as perspectivas, só me restava rir de tanta desgraça.

— Você sabe que é uma tamanha covardia dizer que não tem nada com a pessoa depois de a envolver tanto, não é? — Suas palavras eram como cortes profundos em meu peito.

— Sei disso, mas é que não pensei que ela fosse se apaixonar. Estava muito claro que seria um namoro fachada. Nós combinamos.

— **Acho que despertar o amor de uma mulher sem ter a intenção de amá-la é um dos maiores riscos que um homem pode enfrentar.** — Matt deu de ombros e seguiu com o assunto. — Mas o pior problema aqui não é entre você e a Isabella. É entre você e a Gabi.

— Por quê? — perguntei, sem entender.

— Porque no dia que ela descobrir que você sabia de tudo, você não vai a perder como mulher, e sim como ser humano, como amiga. Não há nada que dói mais do que perder a confiança em quem a gente considerava nossa base.

Já me envergonhei o suficiente por um dia só. Estava completamente desgastado e arruinado. E era melhor não agravar minha situação, contando os detalhes mais sórdidos daquela história. Como, por exemplo, que Gabriela e eu quase transamos no banheiro da festa de aniversário da Bella.

Eu poderia ir logo para a casa de Gabriela e falar tudo que aconteceu, deixá-la com a consciência limpa. No entanto, sabia que a perderia, e não estava preparado. Só que também sabia que quanto mais tempo durasse a mentira, maior seria o perigo de nunca ser perdoado por ela, nem como amigo. Se existisse vida após a morte dividida entre céu e inferno, com certeza estaria morando no segundo.

Gabriela

AMIZADE ERA FEITA DE RECIPROCIDADE. UMA BOA AMIGA sempre estaria presente em sua vida e te ajudaria a encarar fases difíceis. Era o papel dela. Algumas vezes, especialmente enquanto namorava Peter, falhei nessa missão. Fui omissa em 99% das minhas amizades e as deixei na mão, sempre que precisavam.

No entanto, as minhas amigas sempre estavam ali quando eu precisava. Amizades verdadeiras, mesmo quando distantes, podíamos contar. Era natural que você não falasse com elas todos os dias, mas era importante lembrar que, todos os dias que você precisasse, elas estariam com você.

No momento em que recebi a ligação de Isabella aos prantos, dizendo que ela e Thomas haviam terminado, eu vesti a minha capa da amizade e segui para a sua casa. O problema era que, mesmo que eu quisesse muito, não estava sendo uma amiga verdadeira, pois grande parte do que estava acontecendo era culpa minha.

Com um suspiro intenso, ela esfregou as mãos nos olhos e borrou o resto de rímel que ainda existia. Ficou mais parecida com um panda indefeso. E seu desabafo saiu como um murmúrio.

— Ele nunca gostou de mim, nem da última vez e nem dessa — ela falou, com os olhos encobertos de dor, o que me apunhalava o coração.

— Bella, quem perde é ele. — Era até contraditório dizer aquilo, mas, de fato, ele estava mesmo perdendo.

— Ele gosta de outra… — Ai meu Deus, a outra era eu.

— Você sabe que é incrível, não sabe? — Tentei reanimar sua autoconfiança.

— Sei disso, mas então, por que nunca dou certo com ninguém?

Sentei-me na cama e ela recostou o rosto em meu colo, como uma criança de 5 anos com medo de fantasmas. Era estranho pensar que Isabella tinha tudo que queria. Era milionária e não precisava fazer nada, mas, talvez, o que ela mais queria não pudesse ser comprado em uma loja.

— Dar certo ou não com alguém é extremamente relativo — tentei explicar. — Não é porque você terminou que não valeu à pena. Existem vários tipos de amores — continuei, enquanto ela me encarava, esperançosa. — Alguns amores vêm para te ensinar o que é amor, outros vem para te ensinar a se amar, outros te ensinam a como construir um lar, e assim por diante. Mas todos os amores têm algo em comum: eles sempre te ensinam, independente de tudo.

— Você acha que Peter te ensinou algo?

— Relacionamentos abusivos não são construídos na base do amor, e sim na base do medo. É diferente.

— Eu fico feliz em saber que voltamos a nos falar e você estará sempre comigo, Gab.

Estremeci.

Era um cenário humilhante demais. Como eu tinha a cara para dar um conselho a minha melhor amiga, se eu era a babaca que ocasionou tudo?

Passei umas boas horas com Isabella. Ela precisava de uma amiga para levantar sua autoestima e reerguer seu amor-próprio. Por isso, preparei um bolo de chocolate, comprei uma garrafa de vinho e maratonamos a primeira temporada de *Gossip Girl*. Eram os três melhores jeitos para uma mulher superar um fora: álcool, açúcar e um bom clichê.

Depois que ela estava mais calma e quase adormecendo, saí e fui em direção à casa de Thomas. Precisava muito dar um fim naquilo tudo. Não que a gente tivesse começado algo, mas achava que era o mínimo que poderia fazer depois do que aconteceu.

Quando bati na porta, sua mãe me recebeu radiante e com um sorriso amigável. Dra. Hanna era uma daquelas pessoas que dava vontade de guardar em um potinho, de tão incrível. Adoraria tê-la como sogra.

Gabriela, chega. Olha o que você acabou de pensar.

Socorro, fui picada pelo "iludida vírus". Não acreditava que eu estivesse fantasiando aquele tipo de coisa. Logo minhas ideias erradas foram interrompidas com a doce voz de Hanna Becker, dizendo que Thomas estava no quarto. Subi as escadas com meu discurso ensaiado. Eu apenas precisava dizer "não quero mais te ver" e "vamos esquecer isso tudo".

Só que bastou abrir a porta e dar de cara com suas costas nuas e a visão dele vestido apenas com a cueca box preta, que eu desmoronei. Seu corpo era perfeito, o mais bonito que já vi. Não era tão musculoso e atlético quanto Peter, mas ele tinha um bronzeado e uma barriga tão bem desenhada que poderia estar exposta no Louvre. Queria sair correndo para cima dele e sentir seu gosto em minha boca outra vez.

Concentre-se, Gabriela. Você está aqui por outro motivo.

— O que você está fazendo aqui? Quer terminar o que começamos, linda? — sua fala soou como uma piada.

— Estou aqui para... — Estava mais ofegante do que gostaria. — Thomas, você pode se vestir, por favor? — Olhei para o lado oposto, ignorando seus bíceps.

— Estou atrapalhando seu raciocínio vestido assim?

— Você não está vestido. — Arregalei os olhos, pasma.

— Se quiser posso tirar a cueca, pra tornar essa fala uma realidade.

Como é que é? Ai, meu Deus. Por um segundo até me esqueci o que vim fazer.

Ele caminhou em minha direção com determinação. Parou na minha frente e apenas poucos centímetros nos separavam.

— Escuta aqui, eu sei que você quer tanto quanto eu. — *EU SABIA TAMBÉM*, senti vontade de gritar, mas me contive.

— Homem com ego inflado? Isso não me impressiona, Tho. — Saí na direção oposta, lutando contra meus hormônios.

Estava tão nervosa que não consegui impedir a risada aguda que me escapou. E, provavelmente, aquilo mexeu com ele, pois logo baixou a cabeça, decepcionado. Respirei fundo e mantive firme minha decisão de resolver e acabar com tudo.

— Já chega. Precisamos deletar aquela cena da nossa mente.

— Pensei que você tivesse gostado. — Era difícil manter a atenção ao que ele dizia com a visão na minha frente. — Eu gostei.

— Thomas, isso foi um erro, você namora minha melhor amiga. Quer dizer, vocês acabaram, mas ainda sim continua sendo um erro — concluí o raciocínio e encarei sua virilha mais uma vez, no automático. — Você pode, por favor, se vestir?

— Ela te contou tudo? — Ele me fitou com os olhos nublados

— Sim, que você acabou com ela ontem depois que saímos da delegacia. E que gosta de outra. Ela está sofrendo muito, sabia?

— Só isso?

— Teria algo a mais para contar? — questionei.

Novamente, ele veio em minha direção, pousou a mão na minha cintura, entrelaçando os dedos atrás de mim. Não tinha forças para escapar. Ele estava cheirando a loção pós banho e era delicioso. Por um rápido minuto, eu imaginei nós dois nos beijando loucamente embaixo dos lençóis. E o sonho estava quase se tornando real.

Não o beije, Gabriela. Isso é errado em muitos níveis. Minha deusa interior me lembrava a cada segundo.

— Seus lábios estão implorando por um beijo — ele sussurrou, baixo o suficiente para que eu me esforçasse para ouvir.

— Thomas, eu preciso sair daqui.

— Não estou te impedindo, você pode vazar a hora que quiser. — Nossos olhares se cruzaram mais uma vez. — E se quiser.

— Eu que-quero. — Meu coração dava algumas cambalhotas no peito.

— Você sabe que existem coisas difíceis de negar, uma delas é o fato de termos uma química absurda.

Aprendi na faculdade que toda reação química gerava uma ação física. Fato era que estava quase tirando a roupa e me deixando levar pela emoção do momento. Era duro escapar.

Algumas pessoas tinham atração umas pelas outras; algumas tinham conexão e poucas encontravam a união dos dois. Não era sempre que estar atraída sexualmente por alguém faria uma conexão boa fora da cama. E não era lei ter uma sintonia entre quatro paredes só por existir uma boa conexão. Por isso, quando você encontrar alguém com o perfeito equilíbrio nos dois âmbitos, não o deixe escapar. Pode ser a pessoa certa para você.

Ele me ofereceu um sorriso malicioso e despertei da minha linha de raciocínio.

— Precisamos parar com isso.

— Mal começamos. — Ele me puxou para mais perto. — Se você não quisesse, já teria me empurrado e saído pela porta. — Minhas pálpebras pesaram. — Enfim… Só vamos continuar. Uma hora Isabella vai esquecer tudo isso.

— Não tem como esquecer isso, Thomas. — Engoli a seco.

— Eu tenho uma proposta — ele continuou. — Vamos fazer uma vez. Só para termos certeza se gostamos. Se gostar, a gente dá um jeito, se odiarmos, levamos isso para o túmulo e ninguém nunca irá saber. Continuaremos sendo melhores amigos e pronto.

Analisei a proposta. Ela era péssima, afinal, não estávamos levando em consideração o sentimento da única pessoa que importava naquilo tudo: Isabella. Dei um soco em seu ombro.

— Duas semanas de relacionamento não era nem considerado namoro, a gente só ficava. — Uma risada me escapou com sua declaração. — Existem coisas que você vai saber mais para frente. Não existe nada errado na gente ficar. Eu prometo. Aquilo ali não era um namoro de verdade, era apenas um… — Ele buscou as palavras. — Um jeito de passar tempo.

Olhei para ele, intrigada. O que eu iria saber mais para frente? Pelo amor de Deus, estava exausta de segredos. E por que eu ainda estava abraçada com Thomas Becker? Ai, agora que notei que tinha algo duro alfinetando minha barriga. Seu pau, seu pau estava duro. Ok, agora iria agir como uma adolescente virgem. Tentei me afastar e ele segurou meu queixo.

— Por quanto tempo você vai fingir que não quer o mesmo que eu?
— Thomas segurou minha nuca e passou os dedos em meus cabelos.

— Por tempo o suficiente para que eu esqueça o que aconteceu. — Queria discordar. — Eu não estou interessada em você.

— Então se eu colocar a mão por debaixo do seu vestido não vai estar nem um pouco molhada? — Seu sussurro no pé do meu ouvido provocou arrepios.

— Se você colocar a mão aqui embaixo, irei te denunciar por abuso.

Ele se afastou em um gesto abrupto e fiquei triste de imediato. Não queria que se afastasse de mim, estava gostando de sentir seu hálito quente em meu rosto e de toda a tensão sexual que estávamos exalando.

— O que é isso? – perguntei, enquanto ele caminhava em direção à porta.

— Deixando o caminho livre pra você. É isso que você quer, não é? — Arregalei os olhos com sua frieza.

— Pra você eu sou só mais uma? — interroguei.

— De novo essa? — Ele bocejou em tom de preguiça. — Já falei que você é a única. A número um. Mas você não quer ser, então não vou perder meu tempo. Faz mais de quatro anos, Gab. Sou louco por você esse tempo todo e sempre tem algo que nos separa. Cansei, vou seguir em frente. Não adianta dar murro em ponta de faca.

Meu olhar recaiu sob seus ombros largos e reprimidos. Ele realmente estava chateado com a situação.

— O que quer que essa proposta signifique, eu sei que isso vai dar confusão. — Ele ergueu a cabeça depressa com minha confissão.

— Isso significa que vamos tentar?

— Isso quer dizer que vai acontecer uma única vez só para termos a certeza de que não vale a pena, e isso foi apenas um delírio da nossa imaginação. — enfatizei.

— Começamos agora?

Olhei feio para ele.

— Precisamos criar no mínimo um clima, Thomas! — exclamei.

— Certo, passo para te buscar as 20h.

Thomas

Já tive muitos primeiros encontros. Costumava ter mais primeiros encontros do que segundos ou terceiros. Nunca durava muito tempo com ninguém, porque as pessoas me deixavam entediado. Por isso, nervosismo não era algo que fazia parte para mim. Mas hoje não. deveria ser impossível alguém estar mais nervoso do que eu. Já conferi se meu sovaco estava fedendo umas sete vezes.

Cheguei à casa de Gabriela às 19:59, pontualidade britânica. Logo eu, que sempre estava atrasado. Mandei uma mensagem para ela e, alguns segundos depois, ela apareceu entrando no carro. Nós sempre íamos para a faculdade juntos, não era incomum Gabriela entrar em meu carro, era algo natural. Só que estávamos os dois completamente travados.

— Acho que vou vomitar — ela declarou, assim que sentou no banco.

— Nossa, linda, você poderia ser um pouco mais romântica. — Lutei contra uma gargalhada.

— Detesto quando você me chama de linda. — Revirou os olhos.

— Por quê?

— Parece que você não sabe meu nome e fala isso para todas.

— Seu nível de insegurança é incompatível com o quanto você é gostosa, sabia disso? — falei, com a voz calma.

— Depois de passar por um relacionamento abusivo, não confio tanto em mim mesmo.

Uma comoção apareceu no timbre de sua voz e compreendi tudo. Uma vez, Matt me disse que o homem que vinha depois do homem abusivo, sempre tinha uma missão árdua. E meu amigo não mentiu.

Ainda devia ser estranho para Gabriela se sentir desejada e ter algo saudável. E para completar, ela não considerava nossa situação saudável, pois achava que estava enganando a amiga. Tinha que respeitar o seu tempo e mostrar que eu jamais seria capaz de fazer o mesmo.

— Melhor a gente desistir disso — ela disse, envergonhada.

E, antes que ela pudesse fugir dali, pousei a mão sob sua perna e o calor da sua pele fez meu coração pulsar ainda mais forte

— Você não precisa fazer nada que não queira. Ainda somos melhores amigos, lembra? Já saímos só nós dois outras vezes. — Tentei confortá-la.

— Pra onde vamos? Essa cidade é minúscula e não seria legal sair em público.

— Vamos pra um lugar que só vai ter nós dois — respondi animado, mas ela pareceu não gostar.

— Thomas Becker, eu não vou para o motel com você — Gabriela bufou alto, o que me provocou uma crise de risos.

Tudo bem, eu não poderia ser considerado nenhum príncipe da Disney, nem muito menos algum personagem que o Noah Centineo já protagonizou. Porém, na escala de ser um bom rapaz, eu devia estar em algum lugar entre Shawn Mendes e Matt Rae. Sim, Matt era um cara legal.

— Não vou levar você para o motel... — falei, ainda rindo. — Ainda. — Ela me encarou, feroz. — Aluguei um local no AirBnb há duas horas daqui. Vai ser uma mini viagem.

Durante o trajeto, tentei diminuir a tensão ruim que ainda havia entre nós. Mas a tensão sexual só aumentava a cada quilômetro. Estava com tanto tesão que consegui fazer o caminho em uma hora e trinta e cinco minutos. Corri mais do que um piloto de fórmula um.

Aluguei uma casinha de praia perto de New Plymouth. O clima não estava um dos melhores e já eram quase dez horas da noite, mas ainda assim, o ambiente era bem aconchegante e carismático. Olhei de soslaio para Gabriela, que parecia bastante surpresa com minha dedicação.

— Uau, será que é por isso que todas se apaixonam? — debochou, mas estava visivelmente impressionada com tudo que preparei.

— Sinta-se mais que especial, não costumo fazer isso para ninguém.

— Obrigada — ela respondeu, dando uma piscadinha.

O clima ficou um pouco esquisito de novo, então fui até a adega e peguei um vinho.

— Você não está pensando em beber e dirigir de novo, não é? — advertiu, preocupada.

— Hoje eu vou só beber.

— Como vamos voltar depois? — questionou.

— Não estava pretendendo voltar hoje, podemos dormir aqui.

Vi uma apreensão em seus olhos. E, logo depois, ignorando a situação que acabara de acontecer, abri a garrafa e a servi. Gabriela me olhou inexpressiva, e deu um gole grande de vinho tinto.

Caminhamos até o sofá e aninhei seu corpo no meu. Não era estranho estar assim com ela. Sempre que Gabriela e Peter brigavam, eu a consolava daquele mesmo jeito, mas agora era diferente. O calor de sua respiração em meu pescoço, provocavam-me ondas de arrepios. Eu poderia passar o resto da minha vida assim.

Então, ela voltou o corpo para mim e me encarou por cima da borda do copo. Ela queria falar algo, mas devia estar procurando o melhor jeito de fazer.

— Conheço essa cara. — Ela riu de si mesma ao me ouvir. — Fala logo.

— Você gosta de mim há quatro anos? — Assenti com a cabeça. — E por que você deu meu número para Peter me chamar para sair? E no mesmo dia saiu com a Isabella?

Olhei intrigado para o que ela acabara de dizer, porém, não me surpreenderia saber que meu ex-melhor-amigo armou tudo aquilo.

— Foi isso que ele te contou? — Levantei a sobrancelha. — Não foi assim que aconteceu. Ele me disse que você tinha chamado ele. E não saí com a Isabella naquele dia, só fui sair com ela um tempo depois, por insistência dele.

— Ele sempre tentou nos separar. — Ela pareceu frustrada.

— Mas não conseguiu, estamos aqui e podemos falar de coisas diferentes e fazer o que quiser.

Puxei seu corpo para mais perto do meu. A visão da mulher por quem sempre fui apaixonado na minha frente estava comprometendo minha desenvoltura. Não sabia nem por onde começar e não queria parecer ansioso demais. Por isso, toquei no seu rosto com cautela, deixando o polegar deslizar por sua bochecha.

Quando ela posicionou a mão em minhas costas, entendi que o sinal estava verde e avancei um pouco mais. A envolvi em meus braços e encostei meu nariz no dela. Sua respiração ofegante e a palpitação do seu coração eram como uma música para o meu pau, que logo ficou duro feito pedra.

— Isso deveria ser considerado tortura. — Abri um sorriso com sua declaração.

— Só estou fazendo as coisas no seu tempo.

E antes que eu acabasse a frase, ela entrelaçou as mãos em meu pescoço e me lançou um beijo quente e caloroso. Segurei suas costas e a levantei, colocando-a por cima de mim. Baixei a alça do seu vestido e comecei a roçar o queixo com a barba por fazer em toda sua pele.

— Isso é bom— comentou.

— Vai ficar ainda melhor…

Tirei sua roupa e fiquei paralisado com a visão de Gabriela apenas de calcinha em minha frente. Passei a mão por cima do seu peito e comecei a chupar seu mamilo, que estava tão duro quanto o meu pau.

Os beijos se tornaram cada vez mais intensos. Nossa respiração ofegante denunciava o quanto estávamos gostando daquilo tudo. Ela cravou as unhas em minhas costas e eu mexi o quadril com rapidez. Ainda nos encontrávamos parcialmente vestidos, mas estava prestes a gozar.

O sofá se tornou pequeno para nós, então a peguei no colo e ela cruzou as pernas em meu corpo, sem parar de me beijar por nenhum segundo. A vontade estava correndo pelas minhas veias, esperei aquilo há tanto tempo. Sentia-me nas nuvens.

Por um momento esqueci o quanto demorou para tudo acontecer. Parecia que estávamos de volta há quatro anos, naquela festa da faculdade. Era como se aquele tempo todo ela tivesse sido minha.

— É tão bom que seja com você — ela murmurou baixinho.

Gabriela arrancou o resto de roupa fora e passei minha língua por todo seu corpo, provocando um gemino. Minhas mãos percorreram sua pele e ela arrepiou com cada toque mais forte. Desci até encontrar sua virilha, devorando-a. Ela me provocava com sons baixos, mas que podia ouvir como se fossem gritos histéricos.

Meu pau estava louco por ela. Puta merda. Gabriela estava tão molhada que era como se uma cachoeira saísse de dentro dela. Aquela mulher me queria tanto quando eu a queria. Porém, sua próxima respiração saiu irregular e ela travou.

— Fiz algo de errado? — Ela encolheu os ombros de um jeito desprotegido.

— Não, é só que... — Olhei de relance e ela desabou. — Nunca fiz isso com ninguém fora o Peter, e agora estou com você...

— Gab, sou eu. Seu melhor amigo — insisti.

— Por favor, não me força a nada.

Havia um medo em sua voz que não ouvi antes. Sabia que não era culpa minha, ela estava apenas fragilizada diante de tudo que aquele canalha fez com ela. A enrolei em um lençol e recostei minha cabeça em seu ombro. Ela se tencionou inteira.

— Falei que na pior das hipóteses iriamos levar isso para túmulo e fingir que nada aconteceu — Falei, e seu sorriso brincalhão apareceu.

— Já fingimos isso uma vez... —Ela levantou os ombros.

— Então, quer assistir algum filme? Ou cozinhar macarrão instantâneo...

— Com nuggets! — exclamou.

— Somos uma negação como futuros médicos, comendo toda essa gordura trans.

A princípio, cozinhar macarrão com nuggets não era meu plano para hoje. Achei que fosse ter o melhor sexo da minha vida e gozar umas cinco vezes seguidas até meu pau sentir câimbras. Mas nada era ruim ao lado de Gabriela Ramos. E vê-la segura e confiante causava paz em meu coração.

Quando um homem gostava verdadeiramente de uma mulher, ele não precisava de muito além da sua companhia. Pois, chamar a atenção de um homem era fácil, difícil era mantê-lo interessado por muito tempo. E tudo que aquela garota fazia me deixava vidrado nela.

— E você sempre soube? — Puxei o assunto, tentando descontrair o clima.

— Do que você está falando? — ela questionou.

— Que eu gostava de você...

— Antes de tudo, sim, depois achei que você apenas transava com qualquer uma que respirasse e não ligava para mim.

Mostrei a língua para ela, que gargalhou alto.

— Você não passou esse tempo todo gostando de mim em segredo, Thomas. — Havia um pouco de decepção em sua voz.

— Talvez eu não soubesse que estava gostando de você...

— Isso foi... — Ela engoliu o último nuggets. — Intenso demais para um primeiro encontro.

Concordei na mesma hora. Não queria deixá-la desconfortável e nem sabia por que estava afirmando a todo momento o quanto gostava dela. Aquilo já estava escrito na minha testa, não precisava usar a boca para confirmar.

Voltamos para a sala e colocamos um episódio de *La Casa de Papel* para assistir. Adorava séries em espanhol, era emocionante ficar ouvindo "*la puta madre*". E sabia que Gabriela adorava romances policiais.

Depois do terceiro episódio, ela jogou as pernas por cima da minha coxa e eu fiquei imóvel. Não consegui decifrar se aquilo foi uma forma de tentar uma reaproximação sexual ou se estávamos apenas agindo como os bons amigos que éramos. Depois que você cruzava a linha perigosa da amizade para o amor, ficava praticamente impossível identificar em qual dos dois polos se encontrava no presente momento.

Graças as duas taças de vinho que tomei durante noite, sentia-me bem relaxado. O suficiente para ficar com um sono absurdo. Era o problema de beber vinho, tomar uma dose baixa demais, tornava-se um sonífero.

29

Gabriela

ACORDEI COM A FRESTA DE LUZ DA JANELA DA SALA. OLHEI EM volta e me dei conta de que não estava sonhando. Eu dormi de conchinha com Thomas Becker, vulgo meu melhor amigo e ex da minha melhor amiga, e ex melhor amigo do meu ex.

Puta merda.

Eu me movi devagar, tentando sair do ninho do seu colo, mas ele me puxou para junto ao seu corpo, ainda dormindo. Virei-me em sua direção e nossos rostos ficaram cara a cara. O seu cheiro era tão bom que me deixava inebriada. Ele inspirou profundamente e começou a acordar, devagar. Meu coração estava acelerado. Não fizemos nada ontem além de dar uns amassos, só que eu gostaria de ter feito mais. Porém, a imagem de Peter forçando a barra sempre para que eu transasse com ele falou mais alto, e eu travei.

— Você é ainda mais linda quando acorda. — A frase era tão clichê, mas tão boa de se ouvir, que meu coração derreteu.

Ele se aproximou um pouco mais e não sei como aquilo era possível, pois não existia mais um centímetro sequer nos separando. E, então, Thomas passou a mão pelo meu pescoço, até que seus dedos encontraram meus cabelos. Seu carinho era lento e gradativo, mas acionou de imediato o alarme do tesão dentro de mim. Eu precisava transar com ele.

O jeito como ele me olhava era malicioso em muitas maneiras, mas, ainda assim, era delicioso de se ver. Nunca me senti tão desejada. Precisei me segurar para não me jogar em cima dele. E então me veio a memória de Isabella. Ela era um ótimo motivo para eu não cometer aquele erro.

— No que você está pensando? — ele perguntou, e tento me conter.

— Você sempre foi contra traição... — Ficou claro na sua expressão que ele não queria ter aquela conversa, mas Thomas nunca desabafava comigo sobre o pai, talvez fosse um bom dia para tentar. — Por que fez isso?

— Eu não traí a Isabella... — respondeu, baixinho. — É só que não tem como explicar isso agora.

— Por que não?

— Não é momento — concluiu. — E jamais seria capaz de fazer isso com ela e com ninguém. Detesto traição, não sou como ele.

Thomas me olhou envergonhado e deu de ombros. Tinha a sensação de que havia algo que não sabia, mas se ele não se sentia à vontade para falar, eu não iria insistir.

— Você jamais seria como ele. — Reforcei seu pensamento. — Você é uma pessoa boa e com caráter. Jamais enganaria ou mentiria para alguém.

— Espero que sim... — Soou frustrado.

— Estou falando sério, Tho, confio em você como nunca confiei em ninguém.

Sorri para ele e senti uma ereção no tecido do meu vestido. Sabia que homens costumavam acordar "animadinhos", então não me surpreendi. Precisava lutar com todas as minhas deusas interiores para não cometer mais uma burrada. Só que já estávamos naquela posição há quinze minutos e eu não conseguia me mover, pois até ficar cara a cara com Thomas era maravilhoso.

— Você já quer ir? — Ele levantou o lençol e o admirei sem camisa.

— Ok, vamos... — respondi, meio desanimada.

Fiquei de pé devagar e logo caí de novo em seus braços. Como fui parar ali? Não fazia a menor ideia, mas já me encontrava aos beijos com Thomas. Ele me puxou para junto de seu corpo e não sentia a menor vontade de sair dali. Precisava ir até o final.

Sentia cada célula do meu corpo responder os extintos dos seus beijos molhados. Era como se toda minha vida dependesse daquele beijo. Já estávamos quase sem nada, apenas com as roupas íntimas, e senti vontade de arrancar sua cueca box e enfiar a mão nele. Seu corpo estava quente, assim como o meu.

— Se você quiser parar é só avisar — ele cochichou no pé do meu ouvido.

Não queria parar, nem naquele momento e nem em um milhão de anos.

Meus quadris se levantaram e começaram o movimento de vai e vem. Quando notei, estava em cima dele, ainda de calcinha. Ele lambeu meu pescoço e puxou com delicadeza meu sutiã, arremessando-o longe, quase na mesa de jantar. Thomas chupou meu mamilo assim como havia feito na noite anterior e então não perdi tempo e fiquei completamente nua.

Estava me contorcendo toda. Ele desceu mordendo o lábio e ativou meu clitóris como nunca fizeram antes. Bem, como Peter nunca fez antes. Aquilo provocou espasmos por toda parte. Estava muito afobada, mas era tão bom que mal conseguia raciocinar. Poderia ficar daquele jeito pelo resto do dia.

— Está tudo bem aí? — Ele riu, e dei um tapinha em sua cabeça.

— Continue, por favor.

E, então, entreguei-me completamente para o cara que eu sempre quis. Ele esfregou os dedos contra minha boceta e eu me rendi a tudo. Nosso corpo estava queimando. Era meado do outono, deveria estar frio. Porém, sentia-me dentro de uma sauna.

— Posso pegar a camisinha? — ele perguntou, cauteloso, e apenas assenti com a cabeça.

— Sim . — Foi tudo o que consegui dizer.

Seus olhos brilhavam. Era como se ele fosse realizar um sonho. Mas, logo que ele colocou o preservativo, o sorriso malicioso reapareceu. Era por isso que Thomas Becker era o desejo de 99% das mulheres solteiras da Universidade. Ele era um príncipe altamente pervertido.

— Acho que vou gozar no momento que a cabeça entrar dentro de você — murmurou.

— Não é para tanto...

Era para tanto sim.

Meu pai do céu!!!!!!

Foi um encaixe perfeito. Seu músculo estava rígido como pedra. Onde aquele homem aprendeu a fazer todas aquelas coisas? Na aula de anatomia? Como era possível? A maioria das mulheres não atingia o orgasmo com penetração. Mas, SOCORRO! Estava prestes. E não fazia cinco segundos que ele entrara dentro de mim.

Ele se movimentava devagar e alternou com movimentos mais rápidos e profundos. O ritmo era perfeito. Enquanto tudo acontecia, não paramos um segundo sequer de nos beijar. Os lábios estavam molhados e seu corpo todo suava como se tivesse acabado de sair do banho.

Era torturante e bom ao mesmo tempo. A língua dele envolveu meus seios e comecei a gemer alto o suficiente para que escutassem do outro lado do mundo.

— Acho que vou gozar — falei, entredentes.
— Acha? — Ele interrompeu o beijo. — Já estou quase lá, linda.

Pela primeira vez o apelido patético me fez feliz. Meu coração estava dando cambalhotas de felicidade. Soltei um suspiro quando notei que ele estava se contorcendo de alegria, assim como eu.

Minha boceta já estava doendo. Quando nossos lábios se separaram e ele colocou um pouco mais de velocidade, foi como se eu tivesse chegado ao céu. Gozei de prazer, de emoção, de alegria. Eu simplesmente gozei como há muito tempo não acontecia.

Sempre acreditei que sexo fosse algo mais mental do que físico. E hoje entendi que era um perfeito equilíbrio entre os dois. Peter nunca se preocupou em me satisfazer sexualmente, para ele era mais importante que ele estivesse bem. Ainda por cima, queria agradá-lo, então ficava fascinada na ideia de que era preciso desempenhar o melhor papel. Por muito tempo o sexo foi apenas uma obrigação no meu relacionamento, mas acabei de ver que o sexo era um dos melhores termômetros para saber se você poderia ter uma relação com alguém.

Acordei pela manhã e me dei conta de que, finalmente, estamos na primavera. Era o primeiro dia de aula. Fazia quase um mês que eu e Thomas estávamos ficando às escondidas. Era emocionante e angustiante. Quanto mais tempo avançava, mais o caos se instalava e pior ficava para terminar. Isabella merecia minha sinceridade, mas a única coisa que ela ganhava eram minhas mentiras. Antes pensei que Thomas seria só um tapa-buraco irrelevante, enquanto eu superava o fim do meu antigo relacionamento, mas agora parecia que estava entrando em um novo.

Quando saí de casa e fui até a garagem, um carro buzinou na entrada. Andei até a direção sorrindo, já sabendo quem era. Nem precisei olhar para a placa para ter a certeza de que era ele. Estava mais bonito que o de costume e com o cheiro de loção pós barba que eu adorava. Às vezes, até esquecia o quanto ele era cheiroso, já me acostumei. No entanto, ainda não conseguia me acostumar com o fato de ele me olhar como se eu fosse a pessoa mais importante do mundo.

— Belo carro — comentei, sentando-me no banco de carona.

— Finalmente larguei aquela lata velha. — Ele passou a mão pelo meu ombro e me deu um beijo.

— Thomas, modos — o repreendi. — As aulas vão começar, ninguém pode saber.

Ele me encarou com um olhar triste e irritado, e então me senti uma idiota por querer escondê-lo daquela forma.

— Pelo menos até eu conversar com Isabella — murmurei. — Você entende, não é?

— Entendo. — Limitou-se a dizer.

— Então, tira essa cara feia — impliquei.

— É insuportável ter que viver assim, não podemos ter um encontro digno. Só ficamos em casa ou alugando *Airbnb*.

Ainda não conversamos exatamente sobre o que estamos tendo, mas sabia que não era mais apenas uma amizade. Embora eu pudesse supor que estávamos tendo uma coisa, definir o nome sempre acabava tornando tudo ainda mais formal. Vinha tentando evitar aquela conversa. Por que, se o que tínhamos fosse sério, como seria? A gente conseguiria aguentar a pressão de assumir mesmo sabendo que deixaria Isabella mal?

Nos últimos 30 dias, fiquei com Thomas em 27 deles. Os únicos dias que não ficamos juntos, foi quando ele viajou para a capital para o aniversário de 90 anos da avó, e quando eu estava com cólica. Mas, mesmo nesses dias, trocamos dezenas de mensagens.

— Eu gosto de ficar com você e não quero ficar com mais ninguém — falei, com um olhar coberto de ternura.

— Mas isso não é o suficiente se você não pode me dar uma chance.

— Eu já te dei uma chance — expliquei, irritada.

— Não uma chance ao amor.

Uma onda de pânico me invadiu. Ainda era difícil para mim falar de amor. Não gostava da teoria de que só se curava um amor com outro. Fazia com que a pessoa que vinha depois de quem machucou ocupasse um lugar perigoso. Mas tinha verdade naquela suposição. Um amor vai curando o outro sim, até porque, existia um local substituível em nosso coração. Até o momento em que chegava um amor tão sereno e suave, que não permitia nenhum outro de entrar. Esse era o tal amor da nossa vida. E era o que me preocupava. Será que era ele?

Não me via com mais ninguém além de Thomas. E estar com ele era arriscado. Sim, ainda não processei, mas não podia viver me escondendo. Uma hora iríamos nos casar, ter filhos e Isabella descobriria de qualquer jeito. Como poderia evitar?

Merda.

Estava levando em consideração um casamento com Thomas? Chega. Estava indo longe demais.

— Uma hora as coisas vão se acertar... — prometi a ele, mesmo sem saber o que aquilo significava.

— Eu sei disso...

Seguimos em silêncio, mas trocando carícias em alguns momentos. Não precisava estar falando o tempo todo com Thomas para ele saber o que estava sentindo. Por isso gostava tanto da presença dele. As coisas se tornavam leves ao seu lado. Mas, por mais à vontade que estivesse em relação a nós dois, sabia que a qualquer momento poderíamos ser descobertos. E o grande problema de fazer as coisas escondidas, era que você perdia um pouco dos parâmetros do que era real e do que era fingimento.

— E aí, galera, como foram as férias? — Matt nos perguntou assim que entramos na sala.

— Não sei, mal vi o Thomas — falei com firmeza e logo percebi a burrice.

— Por que não? — ele questionou. — Achei que vocês estivessem fazendo coisas juntos, já que não vi nenhum dos dois — acrescentou.

— Viajei com minha avó — Thomas respondeu de supetão.

— Já te conheci melhor, Becker. — A voz de Matt tinha um tom de desafio. — Achei que tivesse pegado todas as mulheres da Ilha Sul.

Senti uma fisgada de ciúmes com o comentário, mas tentei rir para disfarçar. Thomas e eu podíamos estar tendo uma coisa legal no momento, porém era impossível esquecer de que tudo brotou da pior maneira, fruto de uma traição.

— E você, Gab? — Ele voltou a pergunta para mim. — Passou rodo em geral? Quatros anos em isolamento... Com certeza tinha gente esperando essa fila andar há bastante tempo

— Uma dama jamais divulga seu jogo, Matt. — Foi tudo o que falei, tentando soar o mais casual possível.

Tinha a impressão de que todas as pessoas da faculdade já sabiam do que aconteceu, e estavam apenas fingindo para que eu não passasse constrangimento. E, então, dei-me conta de que elas não estavam me olhando por saberem que eu era uma traidora, e sim por lembrarem que eu fui traída.

Quando a fofoca sobre Jéssica rolou pela faculdade, estávamos quase entrando de férias. Pensei que quando voltássemos, todos já teriam superado. Mas, como Virgínia disse: não acontecia muita coisa em New Plymouth. Portanto, levei em consideração que as pessoas ainda estavam fissuradas naquele último caso.

O professor começou a aula e nos sentamos nas cadeiras. Estava ao lado de Thomas e na frente de Matt, sempre sentávamos naquela disposição. Exceto por Jéssica, que não estava mais presente.

— Por onde anda Jéssica? — cochichei baixinho para eles.

— Foi para outra turma, acho que ficou envergonhada. — Matt deixou escapar um olhar de tristeza, suspeitava que ele ainda fosse apaixonado por ela.

— Coitada... — lamentei.

— Vocês deviam conversar. — Thomas me olhou.— Não podem deixar um cara estragar a amizade de vocês.

Era até contraditório para mim, mas Jéssica me enganou. Eu não sentia que havia enganado Isabella. Eu tinha um relacionamento sólido, Isabella e Thomas só ficavam há poucos dias.

A aula continuou e o professor estava falando sobre gene recessivo há mais de quinze minutos. Então, parei de anotar um pouco e deixei a caneta de lado. Percebi um ar quente sob a minha calca jeans, próximo a parte interna da minha coxa. A mão de Thomas estava pousada na minha perna, fazendo carícias, quase chegando perto da calcinha. Arrepiei-me inteira. Adorava aquela sensação de perigo que ele me trazia. A Adrenalina do proibido.

— Se você continuar fazendo isso serei obrigada a sair da sala — falei, em tom de desafio.

Se eu puder sair junto, vai ser ótimo — respondeu com um sorriso malicioso.

Ele pegou minha mão e pousou em cima do seu pau que estava duro. Sentir aquilo me fez ter um arrepio involuntário. Então, fiz o mesmo que ele, o provocando. Meus dedos viajavam pelo interior da sua cueca e começaram a ficar úmidos com sua ereção. Aquilo era tão sexy e problemático ao mesmo tempo, que nem conseguia medir.

Levantei-me rapidamente e saí da sala, caminhando em direção ao banheiro dos professores. Antes que eu pudesse notar, ele me arremessou como uma bola de *rugby* contra a parede e trancou a porta.

— Essa coisa de ficar se pegando no banheiro vai virar marca registrada — sussurrou no meu ouvido.

Seus lábios encostaram nos meus e sua língua penetrou minha boca. Arfei de prazer quando ele segurou meus peitos com força e acariciou meu clitóris com a outra mão. Um raio de calor atingiu meu corpo inteiro. Ele também estava cheio de prazer e luxúria.

— Vão pegar a gente, vamos ser expulsos — brinquei, mas pensava mesmo na possibilidade.

— Relaxa, linda, vou fazer você gozar rapidinho.

Eu sabia daquilo. Thomas tinha esse poder. Seu corpo quente amoleceu o meu comecei a gemer alto o suficiente para que alguém nos achasse, mas ele abafou o som com o antebraço. Thomas me devorou com sua língua. Ficou de joelhos na minha frente e me chupou com velocidade. Depois que quase gozei, ele ficou de pé outra vez e colocou a camisinha.

Pensei em parar, mas não era o que eu queria. Tudo que eu queria era ele. Dentro de mim.

Segurei seu pau e comecei a fazer movimentos bem lentos. Subi em cima dele e entrelacei as pernas em seus quadris. Não sabia de onde viera a súbita coragem para fazer tudo aquilo no banheiro de professores, mas era bom. Um ar de malícia percorre e comanda toda a situação. Começamos a nos movimentar e tudo que conseguia fazer era me render a vontade louca que estava sentindo. A última vez que transamos foi ontem à noite, porém era como se já tivesse passado uma eternidade.

Seu corpo delicioso, seu cheiro gostoso. Tudo nele era lindo. Ele era perfeito. Como consegui conviver tanto tempo com Thomas sem tirar sua roupa ou sem sentir vontade de chupar seu pau a cada segundo?

— Não para, estou quase lá. — Desmanchei-me inteira e não conseguia mais raciocinar.

— Só paro quando você gozar. — Seus olhos estavam cobertos de desejo.

Nossas pernas tremeram ao chegar ao ápice. Nossa respiração ficou lenta, quase parando. Nossos dentes se bateram, pois sorrimos um para o outro no meio de um beijo. Adorava o fato de amarmos gozar juntos, pois era bom para os dois.

Com as pálpebras pesadas, o orgasmo veio com uma força abrupta. Notei para mim mesma: sempre transe com alguém que fique feliz em te ver gozar. O sorriso de Thomas quando me via gozando era estonteante.

— Caramba — ele disse, quase sem folego.

— Isso foi bom — completei.

não é fácil aceitar
que a pessoa que AMAMOS
não é a pessoa CERTA.

Duda Riedel

Thomas

FIZ UM EXERCÍCIO GENUÍNO PARA ME CONCENTRAR EM OUTRAS atividades que não envolviam a presença de Gabriela. Porém, estava sendo cada vez mais difícil. Pensava nela em 80% do meu tempo. Até quando dormia ela era intrometida o suficiente para entrar no meu sonho e me fazer acordar com uma ereção capaz de sujar toda a roupa de cama.

Segui para a casa do Matt, combinamos de fazer uma noite dos caras, já que George e Virgínia terminaram mais uma vez e ele estava extremamente triste e infeliz. Não conseguia entender como eles continuavam namorando se toda semana havia discussão.

— Cara, me desculpa, mas essa menina é louca — Matt soltou enquanto preparava uma bebida de cranberry que na mesma hora me lembrou Gabriela.

— Ela não é louca, só acho que o namoro está desgastado. — George estava com um pijama do homem aranha e era impossível olhar para ele sem querer dar risada. — Do que você está rindo?

— Não dá pra te levar a sério desse jeito, G. — Gargalhei um pouco mais alto. — Você precisa beijar outras bocas.

— Por que não chamamos algumas mulheres pra cá? — Freddy puxou o celular do bolso, ameaçando enviar uma mensagem na lista de transmissão.

Ainda não consegui identificar em que pé estava com Gabriela. Talvez, em outras circunstâncias, enviaria uma mensagem a convidando, ou até mesmo comunicando que estava em uma possível festa cheia de mulheres. Só que tinha plena convicção de que ela não iria, porque foi estudar para a prova da Liga de Pediatria da faculdade, e porque tinha um pouco de medo de cruzar a linha de limites dela e fazer com que se sentisse pressionada a fazer o mesmo por mim.

Sentia-me caindo cada vez mais em um espiral de dúvida sem saber o que podia e o que não podia fazer com ela. Minha vontade era chamá-la de namorada e era assim que gostaria que ela me considerasse também. Mas sempre vinha à cabeça que não era justo cobrar nada dela, pois eu também não estava sendo sincero o suficiente. Nem com ela, nem com Isabella. E, falando no diabo, ela apareceu aqui.

Quando falaram que iriam chamar algumas mulheres nem cogitei que Isabella estivesse inserida na lista, mas fato era que alguém a chamou e ela brotou mais rápido do que eu poderia imaginar.

— Sua ex de mentira está aqui, cara — Matt falou, assustando-me porque esqueci que tinha conversado com ele sobre a história.

— Fala baixo, tenho medo de que alguém escute.

Soltei um suspiro..

— Ela já sabe que você e Gabriela… — ele começou, e o interrompi com uma careta antes que ele pudesse prosseguir. — Acho que já tenho uma resposta.

—Estou procurando o momento certo. — Apertei os dentes, cravando-os em meus lábios.

— Você acha que existe momento certo para falar a verdade? — ele me questionou, com o olhar preocupado, mas evitei continuar o assunto. — Você tá parecendo que tem uma corda no pescoço, cara.

Matt se aproximou, oferecendo-me um copo de whisky.

— Se elas surtarem quando descobrirem tudo, prometo que fujo com você pra Aukland e a gente recomeça uma vida longe dessa cidade minúscula. Conte comigo pra tudo — ele insistiu.

O problema era que não queria fugir, queria poder ter a decência de encarar meus problemas, diferentemente do que meu pai fez. Só que estava preferindo esconder tudo e ser um cretino do que magoá-la, e fazer com que ela se decepcionasse mais uma vez com o amor. No entanto, as coisas estavam começando a esfriar desde que as aulas retornaram. Tirando o primeiro dia de aula, que foi fantástico, os outros foram torturantes. Isabella estava estudando design de moda e vez ou outra nos esbarrávamos no campus.

Só que a Lincoln era grande o suficiente para que a gente não se visse com tanta frequência e nem proximidade. Já a sala de 20 metros quadrados dos meus amigos, não conseguia manter a distância necessária entre Bella e eu. Por sorte, ela começou a conversar com Freddy. Cruzei os dedos para que eles conseguissem se entender e eu pudesse me livrar dela. Só que no momento em que ela notou minha presença, caminhou em minha direção:

— Oi, Becker! — Tentou disfarçar a timidez com um cumprimento mais amável, mas só conseguiu deixar a situação ainda mais tensa para mim.

— Oi Bella, tudo tranquilo? — Engoli em seco minha falta de jeito.

— Sabe, não precisamos tratar isso desse jeito. — Ela fez quase uma careta. — Nós nos conhecemos há muito tempo. Tá tudo bem.

— Sim, e nunca namoramos de fato, então não é tão estranho assim — ressaltei.

O olhar dela pesou um pouco.

— Vou procurar alguma coisa pra beber, você quer algo?

— Não, obrigada.

Era uma prova de fogo. Um teste. Não sabia exatamente o que era, a única certeza era de que a situação ficou desconfortável demais. Nada além do que eu já esperava. Não dava para continuar fingindo que tudo estava bem. Não me sentia cometendo um pecado, nem nada do tipo. Fui parcialmente sincero com Isabella. Mas tinha ficado mais angustiado por não saber como impedir que ela sofresse ao descobrir que estava ficando com sua melhor amiga as escondidas, desde o dia do seu aniversário.

Amores não correspondidos eram autodestrutíveis, pois era impossível fazer com que alguém se apaixonasse por você. O sentimento precisava acontecer de forma natural. Não existia receita de bolo para que o outro se interessasse pelo seu jeito. Química era algo que acontecia sem que houvesse qualquer interferência externa. E não aconteceu entre Bella e eu, mas acontecia a todo minuto comigo e Gabi.

E, de qualquer forma, não achava Isabella uma bruxa egoísta o suficiente para impedir que Gabi e eu ficássemos juntos. Ela tinha noção do quanto gostava de Gabriela. Talvez sofresse bastante no começo, mas depois ela aceitaria os fatos.

Nem sabia o porquê de estar tentando imaginar cenários possíveis para aquela situação no meio de uma festa, com metade da cidade presente. Ninguém sabia o que se passava na cabeça do outro. Não adiantava tentar presumir nada. Precisava parar.

Olhei para fora da sala e meus amigos estavam na varanda jogando beer poing. Então, levantei-me do sofá e me senti obrigado a tentar parecer menos ansioso com tudo que estava rolando.

— Estamos jogando em trios — Freddy exclamou. — Eu, Matt e George contra você e…?

Puxei Sasha, uma das nerds da turma, que eu não fazia ideia do motivo de ela ter ido parar em uma festa na casa dos garotos.

— Contra eu, Sasha e… — No instante em que olhei ao redor a procura de alguém, Isabella se posicionou ao nosso lado.

— E eu. — Ela deu um longo gole na bebida que estava segurando e pegou a primeira bolinha.

Isabella se recostou contra meu corpo, o que me causou desconforto. Tentei dar dois passos para o lado, com o intuito de que ela percebesse que não queria contato, porém ela já estava bêbada e não sabia nem o que estava acontecendo. Detestava ter que evitá-la e agir de forma tão brusca.

— Ei, ei, ei! —Matt gritou. — Acho que essa conta está errada. Passa uma mulher para cá e um homem para esse time. — Agradeci mentalmente ao universo que meu amigo conseguiu notar meu desespero.

— Dá o fora, Matt! — disse Bella. — Mulheres no poder. Não preciso que vocês amenizem pra gente.

— Desculpa cara, eu tentei —Matt comentou baixinho comigo, meio sem graça.

Estávamos ganhando de 5 a 3. Nunca pensei que Sasha fosse tão boa de mira. Na verdade, nem sabia que aquela garota frequentava esses lugares. Só a via com a cara nos livros, o que me deixou muito calmo, já que havíamos bebido bem menos do que o outro time.

Só que, por algum motivo, George ligou o modo turbo e conseguiu acertar mais três bolas e Isabella resolveu beber todos os copos. A cada gota de álcool que entrava em seu corpo, ela ficava mais solta e dava mais em cima de mim.

— O que está acontecendo, Becker? — ela perguntou, com os braços entrelaçando os meus. — Vai deixar que eu vire todas essas bebidas?

— Pega leve, Bella. — Tirei o copo de sua mão. — Não quero ver você passando mal.

— Por que você tem que ser tão chato? — Ela revirou os olhos. — Ai Bella, não gosto de você. Ai Bella, pega leve. Ai Bella, eu não quero te ver passando mal. Acho que você tá preocupado demais pra quem é só meu amigo.

Ela começou a encenar as falas como se fosse eu. Durante todo aquele tempo, achei que estava conseguindo bancar uma de amigo legal que já a beijou, mas queria tornar as coisas fáceis. Porém, ela interpretou tudo errado e jurava que eu estava dando em cima.

Afastei-me um pouco dela e arrastei as mãos pelo cabelo. Matt me olhou do outro lado da mesa, com os olhos assustados, querendo me dizer alguma coisa. E, então, Isabella se aproximou mais uma vez e me colocou contra a parede.

— Fala logo a verdade, você está louco pra me beijar. — Encarou-me.

— Eu não quero te beijar — falei, tentando não machucá-la.

— Mas então por que você não para de me olhar?

Ela estava delirando, não era possível. Já li sobre em algum lugar, mas pessoas com tendência a narcisismo, tinham a capacidade de ver coisas onde não existiam. Encolhi os ombros. E, antes que eu pudesse me mover e tirar meu corpo dali, escutei a voz de Gabriela, exatamente como aconteceu há quatro anos.

— O que está rolando aqui? — Sua voz embargada me pegou desprevenido. — Perdi alguma coisa? — Ela tentou parecer mais casual.

— Nada — disse, com firmeza. — Só estava falando pra Isabella que cansei de brincar disso.

A frase soou ambígua o suficiente e me arrependi na mesma hora. A sensação de raiva era imediata e a de tentar me explicar, ainda mais. Só que não havia o que dizer, pois nada aconteceu.

Eu era tão idiota.

— E o que vocês estavam fazendo? — Ela me encarou. — Só recebi agora a mensagem de Freddy convidando. Por que você não me chamou, Thomas? — Um tom de ameaça surgiu em sua voz.

— Achei que estivesse estudando.

— Ok.

Sua última palavra comigo durante toda a noite foi um simples "ok". Gabriela não falou mais nada. Esperava que em algum momento ela me desse abertura para eu tentar me explicar, mas nada. Ela apenas me evitou. Então, mandei algumas mensagens.

> Oi, não foi nada disso que você pensou, ok?

> Não me ignora, precisamos conversar.

> Será que você pode vir aqui no quarto do Matt, para conversarmos a sós?

Todas são lidas e ignoradas com sucesso.

Talvez eu devesse parar e deixá-la em paz. Não era e nunca serei o que ela merecia. Estava agindo exatamente como meu pai. Não a deixando ser feliz e mentindo o tempo todo.

Uma das poucas vezes que encontrei com ele, perguntei o motivo de ele ter construído uma família com a amante e só ter largado minha mãe depois de tudo. Ele teve a audácia de dizer que esperou o momento certo para não machucá-la tanto. Sentia-me enojado em perceber que estava indo pelo mesmo caminho que ele e fazendo algo que eu mesmo abominava tanto.

O problema era que o momento certo parecia não chegar nunca. E a realidade era que o momento certo para contar uma verdade que machucava, era quando ela começava a ser mais prejudicial que uma mentira que supostamente aliviava.

31

Gabriela

QUANDO CHEGUEI EM CASA, GABRIELA ESTAVA ME ESPERANDO sentada na minha cama, com uma nuvem nebulosa nos olhos. Aproximei-me para dar um beijo e logo fui rejeitado. De imediato, entendi o que significava. Era óbvio que nossa lua de mel não iria durar muito tempo.

Eu já esperava que, em algum momento, ela não fosse aguentar a pressão e iria acabar comigo, mas não achava que seria tão rápido. Depois de todo o mal-entendido com Isabella na noite passada, eu sabia que nossos dias estavam contados. Só queria encontrar um jeito de admitir para ela que não havia problema nenhum no que estávamos fazendo, mas, eu iria perdê-la de qualquer forma.

— Você sabe o que eu vim fazer, não sabe? — Sua voz trêmula era a confirmação.

— Sim. — Desviei o olhar.

— Então vou tentar tornar as coisas menos dolorosas e vou apenas sair, ok? — Ela ficou de pé.

— Não precisa ser assim, linda. — Puxei-a pelo braço e a trouxe para mais perto de mim.

Ela soltou minha mão, desvencilhando-se. Sua rejeição pela segunda vez me deixou com o coração estraçalhado. A maneira como se afastou de mim disse tudo. E, por sua vez, ela foi direto ao ponto com um timbre suave.

— Não sei o que estamos acabando se nem temos nada, Thomas — desabafou, com um pouco mais de firmeza. — Isso foi um erro desde o primeiro dia.

— Um erro que gostamos — admiti.

— Mas que jamais deveria ter sido cometido — ela me repreendeu.

— Fizemos isso porque estávamos carentes.

— Eu não.

— Mas eu, sim.

Estremeci e baixei o rosto querendo conter a tristeza em meu olhar. Nunca chorei por mulher. Quer dizer, já chorei pela minha mãe, mas nunca por alguma mulher que não fosse ela. E eu não entendia quando meus amigos sofriam pelos términos deles, mas chegou a minha vez de sentir o que eles sentiam.

— Você não gostava então? — insisti, irritado.

— Eu gostava do sexo, Thomas, mas hoje noto que não gostava de você. Eu acabei um namoro faz pouco tempo, estava confusa.

— Por que eu acho que você está mentindo pra tornar as coisas mais fáceis pra você? — questionei, cansado.

Ela continuou me rejeitando e agora evitava o contato visual. Estava fazendo um grande esforço para não falar logo tudo. Odiava-me por ser um tremendo medroso incapaz de dizer a verdade e confortar um pouco mais meu coração. Queria amenizar as coisas desde o início, no entanto, desde que começamos, só consegui dificultar tudo. Agora, a mulher da minha vida estava em desespero no meu quarto achando que brinquei com seus sentimentos. E eu sabia que ela me amava, que sentia vontade de ficar comigo. Porque eu também sentia o mesmo.

— Eu te amo. — Deixei o orgulho se esvair e fiquei o mais vulnerável que fui capaz.

— Mas eu, não.

Parte de mim sentiu vontade de contar todas as mentiras e motivos pelos quais eu estava naquela situação com Isabella. Se eu fosse uma pessoa um pouco melhor, iria deixar de ser patético e encararia tudo. Só que Gabriela descobriria a parte podre e eu não sabia como ela iria reagir. Algumas vezes, amamos tanto alguém que preferimos ficar longe dela a vê-la sofrer.

— Eu sei que você acha que eu estava com Isabella, mas não estava — supliquei. — Eu só não tenho como explicar isso agora. Não estou te enganando.

— E isso que você está fazendo é o que então?

Imaginei que fosse uma pergunta retórica, pois realmente não havia nada a ser explicado. Droga. Droga. Não tinha como esclarecer o que aconteceu. Eu era um covarde.

Gabriela suspirou, desanimada, chegou a murchar de tão incoerente que era minha falta de explicação. Revirando os olhos, ela balançou a cabeça, exausta já de tantos segredos que coloquei entre nós. Ela pensava que estava enganando tanto ela quanto Isabella.

— Você sempre gostou de ver as mulheres brigando pela sua atenção, Thomas — exclamou.

— Eu não quero que vocês duas briguem por mim. — Meu sangue gelou nas veias.

— Fica tranquilo. Só briga pelo terceiro lugar quem já perdeu uma partida. E eu jamais irei deixar que um homem seja o meu ponto alto. A coisa mais preciosa que existe na minha vida sempre será eu mesma. Eu só luto por esse primeiro lugar. — Sua voz sufocou e não havia mais nada a dizer.

A vida inteira, Gabriela sonhou com o príncipe encantado e se decepcionou. O mais próximo que ela chegou de um fui eu e meu protótipo de bom menino, que só conseguia fazer merda. A série de erros que cometi me custou caro. Custou-me o nosso amor e nossa amizade.

Fiquei observando-a enquanto saía pela porta e naquele momento tive a certeza de que alguns amores realmente não foram feitos para ficarem juntos.

Entendi que o tal "amor da sua vida" não necessariamente era, de fato, a pessoa com quem você iria se casar ou até mesmo construir uma família. Às vezes, o amor das nossas vidas era a pessoa que despertava na gente o nosso melhor. Gabriela tinha aquele poder sobre mim, mas compreendi que não era o suficiente para ficarmos juntos.

32
Gabriela

NEW PLYMOUTH ERA UMA CIDADE PEQUENA. SABE AQUELES programas de ex-namorados da MTV? Todos poderiam ser gravados aqui. Se tornava impossível sair de casa sem encontrar alguém com quem você já se relacionou, alguém que sua amiga já beijou ou que ambas beijaram. E a parte chata era: todos eram amigos em comum. Por isso, não me surpreendi ao encontrar Thomas no Joe's. Era previsível. Era semifinal dos amistosos da Copa Mundial de Rugby.

Desde quando decidi interromper, na semana passada, todo o nosso projeto de namoro, vinha evitando contado. Na faculdade, não trocávamos mais do que bom dia ou boa tarde. Mas hoje, sem dúvidas, seria ainda pior. O Joe's estava lotada e não restava uma mesa para nos sentarmos. Isabella estava um fiasco desde o término, nunca imaginei que fosse ficar tão mal. E o pior era que eu estava péssima também, porque terminei com o mesmo cara que ela. Que caos. Os únicos lugares disponíveis eram duas cadeiras na mesa dos garotos.

Olhei mais uma vez ao redor e não vi nenhum lugar para ficar, ameacei falar com Isabella para irmos para outro bar, mas antes que meu raciocínio se concretizasse, Matt veio em nossa direção.

— Ei, não fiquem aí paradas, venham se sentar com a gente. — Seu tom era amigável demais, provavelmente já estava bêbado.

— Obrigada Matt, mas Isabella e eu vamos embora.

Quando me dei conta, estava sozinha e ela já havia sentado à mesa. Inferno. O lugar estava lotado e também não fui capaz de ficar sem ter onde me sentar. Meu joelho era mais detonado do que o de uma senhora de 80 anos.

— Oi, Gab — Thomas me cumprimentou de forma calorosa, porém contida.

— Oi — respondi.

O que estava fazendo comigo? Era considerado masoquismo? Minha boca estava seca e com um gosto amargo, precisava pedir uma bebida logo. E algo forte. Chamei o garçom e adiantei o meu pedido de duas margheritas com bastante tequila.

— Vai com calma, ninguém vai embora cedo — Matt brincou com minha urgência em beber logo tudo.

— Aquela é Jessica? — Isabella apontou em direção a uma loira sentada na frente do bar.

Na multidão de rostos, vi Jéssica visivelmente envergonhada.

— É sim, ela chegou faz pouco tempo — Thomas comentou, meio desligado. — Ela tem se reerguido bem.

— Que bom, porque o que ela fez com Gabriela não tem perdão. Trair uma das melhores amigas é o fim. Eu jamais conseguiria conviver sabendo que fiz algo assim.

Puta merda.

Thomas me olhou aterrorizado com o comentário de Isabella. Comecei a suar frio e bebi o segundo copo de margherita em um gole só

— Não precisa ser tão autoritária, Bella. — Matt tentou amenizar a barra. — Todos estamos passíveis a erro.

— Não duvido, mas isso é além de um erro. Isso é falsidade escrachada.

Não deixei Isabella terminar. Levantei-me e caminhei até a caixa de som para escolher alguma música para tocar. Enquanto rodava nas dezenas de playlists do iPod em cima da JBL, senti a mão de Thomas sobre o meu ombro.

— Você não pode fingir que não está acontecendo nada. — Ele parecia irritado.

— Sinto muito, mas é isso que irei fazer até o final da minha vida — falei, ainda mais brava. — Não consigo olhar para você.

— E não sente vontade de me beijar?

Não o culpava por aquilo. Thomas era extraordinário e muito gostoso. Estava vestido com uma blusa preta que marcava bem todo seu abdome. Seus lábios eram altamente convidativos, mas não podia mais cair em tentação. Então, concentrei-me para me manter firme.

— Eu diria que não consigo olhar pra você e não ter vergonha de tudo que fizemos. — Soei um pouco mais ríspida. — Foi errado demais e me arrependo profundamente.

— Então, você não repetiria? — A malícia em seu olhar me fez sentir vontade de arrancar toda sua roupa e beijá-lo por inteiro.

— Chega de provocações, Thomas. — Desviei o olhar e escolhi uma música qualquer. — Pode ir provocar a Isabella agora. É isso que você gosta de fazer.

Thomas desapareceu com passos pesados. E, no mesmo instante, surgiu Isabella com uma súplica no olhar que dava pena. Dei uma espiada por cima do ombro, o que era suficiente para que ela começasse a desabafar.

— Ele falou algo? — perguntou, arqueando a sobrancelha e esperando alguma boa notícia.

— Nada.

— Nada sobre nós dois?

— Esquece ele, Bella. Você merece algo melhor.

Eu deveria dizer aquilo para mim mesma, mas quem ligava para o que eu sentia? Era apenas a pior amiga do mundo todo e tinha tentado enaltecer Bella para que ela não sofresse tanto.

Fui para o banheiro procurar um refúgio. Podia sentir o álcool das margheritas chegando com rapidez ao meu sangue. Quando percebi, Jéssica também estava na fila, esperando que alguém desocupasse.

Tentei parecer relaxada. Desde que tudo aconteceu, nunca paramos para conversar. Nem mesmo uma mensagem de desculpas recebi. Sabia que não havia dado abertura, mas talvez ela tenha entendido que seria um bom dia para fazer aquilo, pois pousou a mão no meu antebraço e resolveu iniciar a conversa.

— Tem algumas coisas que gostaria de falar... — ela anunciou, e senti vontade de sair correndo. — Você não precisa falar nada se quiser, basta me ouvir.

Não agora, infelizmente. Se fosse há um tempo, eu teria uma longa bíblia de argumentos para jogar na cara de Jéssica. Porém, no meu estado, eu queria mesmo era pedir conselhos para tentar me ajudar a tirar o peso na consciência.

Concordei com a cabeça e ela continuou.

— Sei que errei em graus inimagináveis e o problema jamais será com você. Fui enganada por Peter também. — Revirei os olhos e tentei conter o sarcasmo. — Talvez você me odeie pelo resto da sua vida e tudo bem. Mas eu precisava criar coragem de olhar para você e pedir perdão.

— Você tem meu perdão, Jéssica. — Dei de ombros. — Sei que quando estamos apaixonadas e perdidas fazemos bobagem.

— Eu o amava de verdade. — Ela empalideceu com a confissão. — E infelizmente a gente não escolhe quem ama.

— É verdade… — Trocamos um olhar de desânimo. — O que te motivou a fazer isso?

Ela me encarou por alguns minutos. Não existia arrogância em minha pergunta, eu realmente estava curiosa e queria saber se foi o mesmo que eu.

— Carência? — questionei.

— No começo, acho que sim — concordou. — Mas depois eu percebi que era mais do que isso.

— O que mais? — insisti.

Jéssica ficou olhando-me pelo reflexo do espelho. Sua inquietação me dava arrepios, era como se eu sentisse a mesma tensão que ela.

— Acho que foi o fato de que eu nunca tinha experimentado algo daquele jeito. — Estremeceu. — Nunca ninguém tinha me tocado como ele, nem me dado beijos como ele. — Senti meu rosto queimar. — Desculpa, sei que você ainda o ama e estou sendo cruel falando essas coisas.

— Não! — exclamei. — Pode falar, isso não me deixa mal.

— Eu sentia que Peter acionava lugares em mim que ninguém nunca chegou. E era mais do que sexo, era a forma como ele me fazia sentir amada.

— Mas ele não te assumiu, como você podia achar que ele te amava? — Fui mais dura.

Deus, não sabia por que estava tendo aquele tipo de conversa com Jéssica. Sentia-me completamente atordoada. A vontade que dava era ligar para o 190 e implorar que me tirassem dali, de qualquer jeito.

— Não é sobre assumir ou não. O que vivi realmente foi uma mentira, pois não era recíproco. Peter é um canalha. — Naquele momento, havia um buraco em meu estômago. — Mas ele me fez, pela primeira vez na vida, enxergar o amor real. Aquele amor que a gente sente calafrios na barriga quando está ao lado de quem ama.

Uma palavra atrás da outra, tudo que Jéssica falava era como um golpe em meu coração, pois sentia o mesmo por Thomas e era duro admitir.

— É tão bom sentir isso... — Deixei escapar. — Eu entendo você. Nem sempre o amor é o caminho certo, mas ele sempre é o caminho que nos deixa feliz.

— Ai meu Deus! — comemorou. — Você o superou, você se apaixonou de novo, não foi?

Fiquei nervosa com a acusação e tentei encerrar o diálogo, mas foi em vão. Torci para que, ao menos, ela não percebesse pela expressão aterrorizada.

— Eu reconheço uma mulher apaixonada e sei que você está. — Jéssica podia ter sido sacana, mas sempre foi uma amiga atenciosa. — Quem é ele?

— Ninguém. Não importa.

Podia dizer com propriedade que se eu confessasse a Jéssica que estava apaixonada por Thomas, ela entenderia melhor do que ninguém. Ela sempre jurou que iríamos ficar juntos. Por um lado, achei que fosse uma maneira de me afastar de Peter e abrir o caminho para ela, mas percebi que foi porque ela sempre torceu por minha felicidade.

— Qual é o problema de estar apaixonada?

— O problema não é se apaixonar, é por quem me apaixonei — revelei. — Eu precisaria de 40 anos de psicóloga e 100 anos de vergonha na cara para assumir quem é em voz alta.

— Thomas. — Sua aposta foi certeira.

— Certo, chega por hoje. Você já está perdoada.

Deu meia volta e tentei sair do banheiro, mas fui impedida. Jéssica me puxou pelo braço e me lançou um sorriso carinhoso, quase que fraternal. Em contrapartida, suspirei quase me encolhendo com tanta timidez.

— Seria mais fácil se Peter não tivesse feito o que fez. A culpa é dele.

Ela ficou estática na minha frente como um poste em meio a minha declaração.

Não poderia mentir, sabia que a culpa tinha sido minha também. Mas se Peter não tivesse feito o que fez desde o começo, nada daquilo estaria acontecendo. Portanto, era no mínimo plausível culpá-lo por tudo de ruim que tinha acontecido em minha vida.

Em um tom amável, que sugeria que ela jamais me julgaria por ter feito o mesmo que ela, Jéssica sorriu como se fosse capaz de arrancar toda a culpa que ainda circulava dentro de mim.

— Eu não deveria te contar, mas tenho obrigação. — Seu olhar era genuinamente preocupado.

— Por favor, você me deve essa — insisti.

Ela cruzou os braços e se afastou um pouco de mim, deixando uma barreira grande entre nós.

— Thomas descobriu que Peter estava usando anabolizantes. Provavelmente por isso ele se mandou para Portugal. — Eu a encarei, ainda sem entender. — Se ele tentasse falar com você, o Thomas ia denunciá-lo para o treinador e ele perderia a vaga. Por isso ele nunca veio atrás de você.

— Peter sempre pensou nele mesmo, isso não me impressiona. — De fato, ele foi a pessoa mais egoísta que tive o desprazer de conhecer.

— E Thomas sabia disso e também sabia da gente. — Meu coração parou naquele instante. — Ele e Isabella estavam juntos de mentira. — Um arrepio feliz subiu pelas minhas costas. Pelo menos não era uma traidora completa.

— Do que você está falando?

Aquele era um daqueles momentos tensos em filmes de comédia romântica, onde a protagonista descobria todos os podres do parceiro. Sentia-me em Uma Esposa de Mentirinha. Mas não tinha uma desenvoltura tão espetacular quanto a da Jeniffer Aniston. Minha vontade era mesmo espancar todo mundo.

— Peter pediu para Thomas namorar com a Isabella quando soube que vocês duas tinham se reaproximado. A ideia era que ela ficasse tão apaixonada por Thomas, que não ia se importar com você.

Fiz uma cara de desprezo, pensando no quanto Peter era sujo. Ainda bem que nunca mais tive notícias daquele cara.

— E foi aí que tudo mudou. Thomas descobriu que o Peter estava te traindo. Então, ele e Isabella forjaram o namoro pra descobrir mais sobre, eles mentiram para todos, mas, principalmente, para enganar Peter. Eu ouvi tudo no dia, estava trancada no banheiro quando eles começaram a discutir.

— Alguma possibilidade de você ter ouvido errado? — Eu não queria acreditar.

Uma sombra encobriu seu rosto. Por um momento, perdi o foco e fui amparada por Jéssica, que tentou de qualquer forma amenizar a situação, mas, claramente, foi em vão.

— Não… Mas pensa pelo lado bom, você não fez nada de errado. Eles não estão juntos, ok?

— Eles mentiram pra mim.

— Pra te proteger.

Ela suspirou e também ficou atordoada com a situação. Não existia nenhuma bondade em encobrir uma traição. Estava tão tomada pela raiva, que minha reação imediata era a única que eu não deveria cometer. Porém, aprendi que uma mulher traída não pensava, ela apenas agia.

Saí do banheiro e segui em direção a mesa que todos estavam. No caminho, fui impedida de andar com rapidez pelas inúmeras pessoas que lotavam o ambiente. O Joe's nunca esteve tão cheio, mas nada seria capaz de impedir a fúria que estava sentido.

Vi Thomas do outro lado sorrindo, esperando que eu voltasse, mas seu semblante mudou quando me viu andando a passos largos. Então, uma ruga de dúvida apareceu em sua testa quando parei exatamente em sua frente. Não era minha intenção transformar aquela situação em um show de horrores, mas estava louca para tirar tudo a limpo.

— Quando vocês iam me contar que o namoro era fake? — Ele se levantou no mesmo instante, e veio tentar me acalmar. — Não,

Thomas, não chega perto de mim. E você, Isabella, quando ia me contar que sabia de tudo?

— Eu não sabia de nada, o plano era do Peter, não era nosso. Queríamos te ajudar.

— Você sabia que ele estava me traindo com a Jéssica e nunca me disse nada? — Lancei a pergunta a Thomas.

— Eu não tive coragem, soube um dia antes de você. Como eu ia te contar isso? — Sua voz estava embargada.

— Você sabia disso? — perguntei a Isabella e ela concordou com a cabeça. — Eu não sabia, eu juro, Gab. Só sabia que ele estava com outra, mas não imaginava que era a Jéssica.

Perguntei-me se mais alguém também sabia daquilo, mas era totalmente irrelevante.

— Vocês estavam fingindo um namoro e me fizeram achar que eu era uma vadia por estar traindo minha melhor amiga — gritei tão alto que todo o bar conseguiu ouvir e voltaram a atenção para nossa mesa.

— Do que você está falando? — Isabella piscou os olhos algumas vezes, confusa.

— Nós ficamos no dia do seu aniversário e você sabia. Mas fingiu que estava namorando com ele para me causar ciúmes.

Thomas ficou espantado com minha declaração. Ela me encarou com um ar de tristeza e naquele instante percebi que não fui eu que fui enganada, e sim, ela.

— O namoro realmente era fake, mas meu sentimento não. Vocês ficaram? — Ela fez uma pausa. — Você teve coragem de ficar com meu namorado no dia do meu aniversário?

— Nós não estávamos namorando de verdade — Thomas respondeu, tentando conter a tensão que recaiu sobre a conversa.

— Mas ela achava que sim e mesmo assim teve coragem de fazer isso comigo. — As lágrimas apareceram em seus olhos e sua expressão nublou. — Como você foi capaz?

Tentei falar algo, mas fui interrompida pelo seu desprezo. Fechei os olhos, na tentativa de conter a tristeza e rezei para acordar do pesadelo. Como eu fui capaz? Realmente não tinha ideia. Apesar de descobrir que tudo era fake, na hora eu não sabia. E, ainda assim, cometi a burrada de ficar com ele.

Aquilo tudo me desencadeou uma crise de ansiedade terrível. Por sorte, fui socorrida por Jéssica. Se me dissessem semana passada que ela seria a única capaz de me acalmar, eu iria rir da cara da pessoa. Sabia que Jess era uma pessoa boa, apesar de toda a raiva que sentia pelo que ela fez comigo. E agora ela estava me consolando da tragédia amorosa que minha vida se tornou.

Saí do bar nos braços de Jéssica, que chamou um táxi e nos levou para casa. Uma coisa podia dizer sobre tudo que acabara de acontecer, tudo poderia ter sido evitado se um macho escroto não fizesse o desprazer de estragar a vida de uma mulher.

— Gab, a primeira noite sempre é a mais dura. Mas vai passar.

— Ela nunca vai me perdoar… — Desatei a chorar em seus braços.

— Você me perdoou, ela também vai fazer o mesmo — Jéssica acrescentou. — Thomas não era a pessoa dela, ela sabe disso. Por isso deve ter doído tanto. **Não é fácil aceitar que a pessoa que amamos não é a pessoa certa.** Mas Thomas é e sempre foi a pessoa certa para você.

— Mas as vezes o amor é para ser amado, mas nem sempre vivenciado.

Sempre acreditei que o amor era um encontro e não uma busca. Apaixonar-me por Thomas nunca foi minha intenção e, por muitas vezes, o destino nos afastou e eu aceitei a distância. Na verdade, nós custamos a entender que, por mais que a gente queira muito, algumas pessoas não estavam destinadas a ficarem juntas. Nem tudo dependia de nós. Amor não era e nunca será o suficiente para uma relação.

Claro que sofremos ao ver que nossa história não era ao lado da pessoa, mas no final das contas, a gente se acostumava com os rumos que foram tomados. E. quando aprendemos, tornava-se menos doloroso perder alguém, pois, compreendemos que nossa força de vontade não era o suficiente para manter ao nosso lado quem estava longe de ser o nosso verdadeiro amor.

Mas quem éramos, sempre seria o suficiente para nós mesmos. Independente se o outro te largou, te traiu, se você se frustrou. Porque o que restava no final do dia era sua relação com você mesma.

sempre acreditei

que o amor era um ENCONTRO

e não uma BUSCA.

Duda Riedel

33

Thomas

TINHA ESQUECIDO O QUANTO RESSACA MORAL ERA TERRÍVEL. Depois da confusão de ontem à noite no Joe's, fui pra casa dos caras e bebi além do necessário, como se fosse resolver algum problema. Do momento que Gabriela saiu até pela manhã, parecia 200% pior. Por mais que estivesse aliviado em acabar com toda aquela mentira, parecia que a única coisa que existia aqui dentro era um vazio.

Escrevi e deletei várias mensagens. Nem sabia para qual das duas devia falar algo primeiro. Também lembrei que não havia para a prova da faculdade de amanhã. Vi que perdi minha identidade. Não sabia onde havia deixado a chave de casa, então nem tinha como voltar. E, por fim, como se tudo não estivesse ruim o suficiente, vi que meu pai me mandou um e-mail.

> Oi, Thomas.
> Estou em New Plymouth pelos próximos cinco dias e gostaria de conversar com você e sua irmã. Sei que não tenho o direito de pedir nada, mas seria de extrema importâncias nos encontrarmos. Temos muito o que conversar.

O cara era um cretino.

— O que você disse? — Assustei-me com a voz de George e me dei conta de que falei alto demais.

— Nada, só estava pensando alto. — Olhei ao redor e só estávamos nós dois na sala. — Cadê o resto?

— Não vi Freddy a noite inteira e Matt saiu logo depois que acabamos de assistir o filme. Disse que tinha alguma coisa para resolver.

Alguma coisa para resolver? Provavelmente estava transando com alguém. Conhecia meu amigo. Sorte a dele, queria estar daquele jeito também.

— Eu vou indo cara, nos falamos depois.

Nos últimos dias, estava me sentindo emocionalmente esgotado. Parecia que tudo de errado aconteceu junto e que minha vida se transformou em um verdadeiro caos. Os dias ruins vinham se tornando cada vez mais frequentes. Era muito egoísmo da nossa parte achar que precisávamos ser feliz todos os dias. Era muita ingratidão comparar um dia ruim com toda a sua história. Mas na hora que a gente ficava mal, parecia que o mundo estava nos engolindo. Então, eu vivenciei a tristeza e tudo que tinha direito.

Existiam dois lugares que me confortavam quando estava para baixo. O primeiro era minha cama, mas estava impossibilitado de ir. O segundo era Lake Mangamahoe, que tinha uma das vistas mais bonitas que já vi. E era para lá que estava indo.

A junção dos últimos acontecimentos me deixou sentir como se eu fosse uma extensão de tudo de ruim que meu pai já causou na minha vida. Era como se as atitudes dele ainda refletissem em mim. Sentia-o tão próximo de mim, que conseguia até mesmo lembrar do cheiro de perfume doce que ele tinha sempre que chegava em casa, depois de ter passado o dia com a amante no motel. Parecia real. Virei-me para trás, girando a cabeça.

—A natureza sempre acalmou você, desde pequeno. — A voz do meu pai fez meu corpo entrar em choque.

Como sabia que eu estava aqui? — Ele deu de ombros e se sentou ao meu lado.

Não via meu pai há muitos anos e, apesar de ter envelhecido, ele continuava com o mesmo tipão. Conseguia olhar para ele e me ver daqui alguns anos. Infelizmente, muito éramos muito parecidos, mais do que eu gostaria. Alto, grisalho, alguns quilos a mais, um bigode horroroso e tatuagens. Jamais imaginei que ele fosse do tipo tatuado. Mas as pessoas nos surpreendiam o tempo inteiro.

— Não é muito difícil encontrar você, você é bem previsível. — Continuei calado. — E o que te chateou?

— Você é narcisista o suficiente para achar que foi você — afirmei, grosseiramente.

— Não tanto. — Ele me observou de perto. — Sei que não sou tão relevante a ponto de tirar seu sossego.

Ele estava certo. Não era. Mas ler seu e-mail me deixou ainda mais desestabilizado. Parecia que, desde que meu pai fora embora nos deixando para trás, todas as minhas escolhas e ações se baseavam em ser diferente dele. Estava diariamente em um estado de fuga. Só que meus últimos passos foram iguais aos dele.

— Quem é a garota? — perguntou em um tom amigável.

Girei o braço querendo socar sua cara, mas ele me pegou pela mão e me penetrou com um olhar rígido.

— Ainda sou seu pai, garoto — lembrou. — Sei que errei muito e não me eximo de nenhuma culpa, mas estou disposto a tentar.

— Tentar? — Gargalhei, de forma sarcástica. — Você sumiu por todos esses anos e agora quer tentar?

Ao invés de jogá-lo contra a montanha e derrubá-lo no mar, só consegui ser capaz de chorar. O mesmo choro de quando eu era uma criança e descobri que ele havia nos trocado por outra família. Afastei-me dele, mas era impossível querer tirá-lo de perto de mim. Ele estava por perto, além do meu DNA, em minhas atitudes.

— Nunca é tarde para buscar o perdão, Thomas. — Seu semblante mudou e consegui ver, finalmente, um pouco de remorso. — Me separei da sua mãe, mas nunca de vocês. Se fugi, foi por vergonha. Tive vergonha de ter feito tudo que fiz.

— Pois você deveria mesmo sentir vergonha. Você traiu não apenas a minha mãe, você traiu minha confiança.

Ele parou de frente para mim, impedindo-me de continuar minha caminhada furiosa.

— Não ache que vou aliviar a barra para você. Eu não vou te perdoar.

— Mas ainda assim fiz minha parte. — Suspirou. — Filho, tem vezes que fazemos tão mal a pessoa que amamos que sentimos vergonha até mesmo de encará-la.

Eu sabia daquilo, e como sabia. A frase do meu pai fez tanto sentido que, mais uma vez, senti o nó se formar em minha garganta e algo apertar meu peito.

— Isso não justifica e nem ameniza nosso erro, mas não deixa de ser uma verdade. — Com o rosto cada vez mais preocupado, ele seguiu o discurso quase que de um político concorrendo à Presidência. — Quando eu fugi, não foi de você, foi da minha própria consciência. Preferia evitar dar de cara com o que aconteceu do que aceitar o mal que fiz.

— Você não se arrependeu — falei, emocionado.

— Me arrependi no momento que traí sua mãe na primeira vez e deveria ter sido honesto e acabado o casamento. — Forcei-me a olhar para o seu rosto. — Mas sua irmã era tão pequena e sua mãe estava tão nervosa no pós-parto, que levei isso até ela completar três anos.

— Isso é sujo, não existe justificativa! — exclamei, contendo a vontade de agredi-lo.

— Não existe, e eu sei. — Recuperou o fôlego para continuar. — Casamentos acabam, mas filhos são eternos. Eu abandonei vocês, não por falta de amor, e sim por não conseguir lidar com essa mentira por tanto tempo.

Renovei meu equilíbrio e vi que, embora meu pai tivesse errado imensamente mais, ele fez o que eu também fiz com Gabriela. Tive vergonha de assumir minha mentira e, na tentativa de melhorar, acabei piorando tudo.

Com todo o cuidado, ele tocou em meu braço e girei meu corpo para que ele conseguisse ver meu rosto.

— Então me diga, por que você está desse jeito? — Sorriu, complacente. Que merda! Senti falta do meu pai.

Detestava ter que admitir, mas senti falta do coroa. Era terrível perder seu pai em vida. Vê-lo sumir e deixar você para trás, como se fosse um objeto velho jogado na lata de lixo. Só que, apesar de tudo, de toda a raiva que sucumbi durante os anos, eu também senti saudades.

Ser criado por uma mulher foi fantástico. Ter uma irmã tão presente era maravilhoso. Mas, algumas vezes, só um pai era capaz de nos entender. Eu sentia falta daquilo. De contar para ele sobre o dia que entrei na faculdade. Senti falta dele no dia que tive pedra nos rins e urrava de dor. Senti falta dele quando transei pela primeira vez e não tinha com quem dividir aquele acontecimento. Ou quando machuquei Gabriela e não sabia o que fazer.

— Eu fiz o mesmo que você — admiti. — Eu traí a confiança da mulher que eu amo.

— E não tem perdão? — Estreitou os olhos, pensativo.— Suponho que você não a abandonou com dois filhos, então acho que você ainda tem uma chance.

— Ela me odeia. — Levantei os ombros. — Éramos melhores amigos e eu sabia que ela tinha sido traída, e mesmo assim não tive coragem de contar. Depois começamos a sair e agora ela descobriu tudo e me detesta.

— Você queria protegê-la? Ou apenas não queria perdê-la?— perguntou, e soltei uma respiração trêmula.

— Existe diferença? — Arqueei as sobrancelhas.

— Se você se preocupou mais em perder uma trepada do que em como o psicológico dela iria ficar ao saber que foi traída, presumo que você seja um mau caráter. — Balancei a cabeça. — Mas se você se preocupou em como ela reagiria ao saber disso e quis evitar que ela se machucasse, acho que você apenas fez uma escolha errada.

O fardo de me sentir culpado por querer protegê-la era pesado demais. Eu não merecia carregar aquilo. Era inútil se deixar consumir por querer ter feito a coisa certa, mas ter errado na decisão. Erros não faziam de você um ser humano ruim, eles te tornavam um ser humano.

Os olhos de meu pai brilhavam de aprovação. Levantei-me sem dizer nada e apenas apertei sua mão, apesar de tudo ainda tínhamos muito o que acertar. Desci a montanha inteira em uma rapidez tremenda. Peguei meu carro e fui em direção ao único lugar que merecia minha presença.

e dei-me conta de que quando EXISTIA AMOR, existia — PRINCIPALMENTE — força de vontade para LUTAR por quem *se amava*

Duda Riedel

Gabriela

UM APERTO SE FORMOU EM MEU PEITO DESDE ONTEM. Francamente, não sabia por onde começar a ajeitar as coisas. Talvez por Isabella, mas depois da reação que ela teve, suspeitava que não quisesse me ver tão cedo.

Saí do quarto e caminhei em direção à cozinha. John estava preparando uma omelete deliciosa, mas não sentia fome, então, nem seus dotes culinários foram capazes de me animar. Eram quase 19 horas e não fiz nada o dia inteiro.

— Dia ruim? — Ele me fitou e eu desviei o olhar.

— Semana ruim, mês ruim, tudo de ruim — desabafei.

— Bem-vindo ao mundo dos solteiros, a cada saída as coisas parecem complicar mais. — Gargalhou alto, mas foi interrompido pela campainha

—Se for para mim, diz que eu morri — resmunguei entredentes.

Ele abriu a porta e, para minha surpresa, a voz era conhecida:

— Isabella, sinto muito, mas Gab morreu. — Meu irmão acenou com a cabeça em minha direção.

—Obrigada, John, vou atrás de procurar a roupa para o velório. — Ela entrou dentro da minha casa com um sorriso amigável, o que me fez pensar que ela estava prestes a me matar ou a me perdoar.

— Ai. Meu. Deus — disse, surpresa. — Não sei nem por onde começar.

Era difícil distinguir sua reação. Sabia que não conseguiríamos nos evitar por muito tempo, mas, nossa, ela foi mais rápida do que eu esperava. Agora que estávamos com menos adrenalina e sem o calor do momento, percebi que não era o fim do mundo e nem precisava ser o fim de uma amizade. Olhei por cima do ombro e percebi que quem iria quebrar o gelo era ela.

— Lembra quando você provou meus vestidos e ficou maravilhosa naquele Dior? — Ela aparentava uma muralha de confiança.

— Le-embro — respondi, gaguejando, pois estava muito nervosa.

— Eu te falei que um Dior sempre encontra seu verdadeiro dono. — Bella se sentou ao meu lado, diminuindo a distância entre nós. — Sei que isso é fútil demais, só que no amor também é assim.

— Bella, eu sinto muito..

— Não sinta! — repreendeu-me. — Você e Thomas têm algo que nem sei explicar o que é... uma conexão. Parece que sempre existia uma energia negativa proibindo vocês de se amarem. — Ela baixou a cabeça. — E eu sei que uma dessas energias fui eu.

Ficamos alguns segundos em um silêncio constrangedor.

— Eu fiquei obcecada pelo Thomas — assumiu. — Eu nem sei o porquê, acho que foi por não ter ninguém mais fácil. Acho que eu não vou dar certo para essa coisa de namoro, sabe?

— Não diz isso. — Era a minha vez de consolá-la. — Você é incrível, Bella! Bonita, engraçada, autossuficiente.

— Carente — completou. — Eu queria tanto alguém, queria tanto viver esse amor de filme.

— E você vai, apenas não apareceu a pessoa certa.

O problema era que nós, mulheres, tínhamos a pressão gigantesca de viver um conto de fadas. E, quando nos sentíamos atrasadas, seja porque uma amiga encontrou alguém ou um artista postou uma declaração de amor em uma rede social, nós nos desesperávamos. Mas, estávamos atrasadas em relação a que? Como alguém pode achar que um namorado vai atrair estabilidade?

— E onde essa pessoa está? — Sua voz estava trêmula, como a de uma criança indefesa. — Tenho 22 anos e nunca namorei.

— Você é tão nova!

— Mas eu sinto que tem algo de errado comigo, como se ninguém nunca fosse me querer. Como se os homens tivessem medo de se relacionar comigo — desabafou, limpando a garganta na tentativa de segurar o choro.

— Homens não têm medo de se relacionar com mulheres fortes, meninos que tem — comentei, tranquila. — No dia que você encontrar alguém que prefira aumentar seu brilho ao invés de querer apagar sua luz, vai ser o dia em que você vai se dar conta de que encontrou seu verdadeiro amor.

— Thomas faz isso com você? — Ela me lançou um olhar interrogativo.

— Faz...

— Então por que ainda estamos sentadas aqui? Você precisa ir atrás dele!

Isabella tinha todo aquele jeitão de mulher independente, mas no fundo, amava um bom clichê. Seu filme preferido era *Um Amor pra Recordar*, que apesar de ser uma tragédia romântica, seguia todo aquele script meloso e hollywoodiano.

Entramos na Lange Rover dela e seguimos até a casa de Thomas. Ela acelerava tanto que me sentia em uma corrida de Fórmula 1. O que era totalmente desnecessário, pois ele não morava tão longe assim. Chegamos na frente e um suor correu pela espinha. Reprimi a ansiedade e saltei do banco do carona, sem pensar muito. Bella me encarou, animada.

— Você tá gata pra caramba. — Sorriu.

— Estou um caco. — Desatei a rir, pois estava praticamente de pijama, com os cabelos desgrenhados e nem consegui escovar os dentes antes de sair de casa.

— Agarre seu homem e não deixe mais ninguém afastar vocês dois.

E, então, ela me deixou na tensão terrível na qual me encontrava. Andando até a porta, ensaiei algumas maneiras de começar a conversa: "oi, você é um cretino, mas te perdoo", ou quem sabe, "cala a boca e me beija".

Merda. Nem sabia por onde começar.

Mas antes que eu pudesse me preparar, a mãe dele abriu a porta.

— Gabriela, oi. — Ela não parecia tão surpresa assim em me ver. — Thomas saiu, quer que eu diga que você esteve aqui?

— A-hn... não, pode deixar — respondi, desanimada.

Mais uma vez o destino nos afastando. Inacreditável como até quando nós dois queríamos, as coisas iam contra.

Fiz a caminhada da vergonha até fora da casa e peguei o celular para pedir um Uber. Poderia ir a pé, mas estava sem saco e sem ânimo. No momento em que desbloqueei a tela de início, vi uma mensagem de Thomas:

> Torbay Street, 52.

Só? Nada mais? Era um tipo de sinal? Alguma mensagem enigmática?

Era um endereço. Ok, entendi. E aí eu tinha que seguir em direção ao endereço? Céus, não nasci para viver uma comédia romântica, eu era burra demais para isso. E insegura também. Queria enviar o print para meu grupo de amigas e juntas decidirmos se devia ir ou não. Só que o grupo ficou adormecido depois da Jéssica ficar com Peter, eu ficar com Thomas e Isabella ficar com raiva. Dane-se, precisava enviar.

> Reacendendo esse grupo pra saber, o que eu faço?

> Jéssica: VAI!

> Isabella: AGORA!

> Entendido.

Uma hora depois, estava parada na frente do lugar. Era a mesma casa que viemos no nosso primeiro encontro. Não estava acreditando. Thomas era realmente surpreendente. Mas era ainda mais interessante vê-lo parado indefeso, sem aquele porte de cafajeste que ele tanto transmitia. Seu olhar estava assustado, mas, ainda assim, cheio de amor.

Fiquei impressionada com o tanto que desejei a todo custo tirar sua roupa. Nossa conexão sexual era algo que nunca senti. Estive com tanta raiva dele nas últimas horas que até me esqueci o quanto ficava molhada só de estarmos no mesmo ambiente.

— Ok, você ganhou pontos com isso — falei, quebrando o clima tenso.

— Gabriela, eu... — O cortei imediatamente.

— Eu começo — continuei. — Eu sei que você queria me proteger, mas não existe proteção sem verdade. Relacionamentos abusivos começam assim.

— Eu jamais seria capaz de fazer isso...

—Ninguém seria, mas também fariam. Pra uma relação dar certo, precisa existir verdade, respeito e limites. Você não pode errar e tentar se redimir com flores, jantares ou presentes. Tem que ser de coração.

— E é! — Ele se defendeu novamente.

— E eu sei disso, por isso estou aqui... — O tranquilizei. — Mas também sei que você está disposto a fazer dar certo.

— Eu sempre estive, há anos... — Ele me puxou para mais perto e me senti uma idiota por ceder tão rápido.

Thomas sempre tentou e, mais do que qualquer coisa, ele sempre me esperou. Tinha tentado de todas as formas fugir daquele sentimento e ignorar a chance que estávamos tendo, porém agora, olhando para ele, e sentindo seu corpo junto ao meu, era como se meu coração lembrasse a quem pertencia.

— Eu te amo — confessei.

— O que?

Eu me derreti por completo ao dizer pela segunda vez.

— Eu te amo — falei com um pouco mais de firmeza.

Ele abriu um sorriso de orelha a orelha.

— E por que te dói tanto dizer isso?

— Porque me dói saber que você sempre esteve ali e eu nunca percebi... — disse, com toda a raiva reprimida que existia em mim por todos os anos em que fui enganada.

Thomas assentiu, com uma leve tristeza.

— E quando, enfim, ficamos juntos, eu estraguei tudo — lamentou-se.

— Sabe, estamos tendo uma chance de novo... ninguém tem como mudar o passado.

— Ou prever o futuro — completou.

— Então... — Ele deu um beijo em meu pescoço e senti meu corpo inteiro eletrocutar.

— Você está atrapalhando meu raciocínio — falei, tentando fugir da vontade de transar com ele.

De repente, percebi que não havia nada que me impedisse de fazer aquilo.

— Eu te amo, Gab — sua voz falhou. — Sempre te amei e sempre vou te amar. Tenho pavor de pensar em te perder, porque isso já aconteceu outras vezes. Não soube lidar com o fato de que você ia se casar com outra pessoa, não soube lidar com o fato de te machucar. Fiz escolhas erradas e me arrependo, mas a única escolha que eu jamais irei errar e que jamais irei me arrepender, é a de ir atrás de você.

Antes que eu pudesse respondê-lo, Thomas me beijou. Nossos lábios se cruzaram da melhor maneira. A respiração ofegante era quase que uma sintonia. Ele me levantou em seus braços e eu envolvi minhas pernas em sua cintura. Tornamo-nos praticamente um só. Tudo que eu queria era arrancar toda minha roupa e transar com ele até o amanhecer.

Ele deslizou as mãos por meu ombro, tirando minha blusa, e consegui esfregar minha pele nua sobre seu corpo. Então, coloquei minha mão dentro de sua calça e o senti duro feito pedra. Thomas gemeu, e o som fez meu corpo arrepiar.

— Senti falta da gente — falou, entredentes.

— E eu mais ainda.

Meus músculos se contraíram com seu toque. Era bom sentir a pulsação acelerada, a vontade abrupta de querer que o tempo parasse durante o beijo, a emoção de poder finalmente se sentir amada de verdade. Era bom saber que estava exatamente onde queria.

Epílogo

Gabriela

SEM DÚVIDA, ERA O DIA MAIS ESPECIAL DA MINHA VIDA. ESTAVA no altar, casando-me com o meu melhor amigo. Não foi fácil fazer com que nossos destinos se alinhassem, muitas vezes na vida não bastava apenas dar uma chance ao amor, era necessário também estar disposto para amar. Conseguimos, finalmente, a sintonia completa, após 5 anos de namoro.

Nunca pensei que eu pudesse me casar. Depois dos traumas que vivi com um relacionamento abusivo, poder me casar e acreditar em relações saudáveis me fez enxergar que não existia final feliz, o que existia era uma construção diária do amor. Por isso algumas relações não davam certo, pois era necessário, antes de tudo, ter consciência de que o amor não era o fim, ele era o começo. A partir do momento que você permitia, ele era o ponto de partida, mas nunca deveria ser o único sustento.

A relação não era perfeita sempre, e nem poderia ser. Por vezes, quase me tornei dependente emocional de Thomas. Porém, aos poucos, fui percebendo que quando você se dedicava a você, o namoro se tornava consequência, pois sua principal obrigação era estar bem consigo mesma. Claro que tudo isso foi com muita terapia. Não era fácil curar as cicatrizes deixadas por um relacionamento abusivo.

Falando em Peter, nunca mais o vi. Ainda bem. Sabia que estava pela a Europa, mas não fazia ideia do que aconteceu com ele depois que foi pego no antidoping. Sim, o carma não falhava. Não que eu o desejasse mal, mas sempre quis que ele encontrasse o caminho do aprendizado.

Todos nós aprendíamos com nossos erros, por piores que eles fossem, e também ninguém deveria ser rancoroso o suficiente para não perdoar alguém pelo que fez. Eu perdoei Jess e também não tinha raiva de Peter. Pois não cabia a mim querer fazer justiça com as mãos. Até Thomas perdoou o pai.

Demorou, não poderia exigir que tudo ficasse bem logo depois que ele ressurgiu. Mas, depois que a mágoa passou, e as boas lembranças ficaram, o que prevaleceu foi o bom recomeço. Inclusive, ele tem vindo visitar os filhos com frequência. E nossa lua de mel será seria em Florença, onde ele morava.

Eu e Thomas tínhamos a felicidade de agora viver em uma boa plenitude, onde não existia espaço para rancor, mágoas ou futilidades. E era só quando um relacionamento chegava a esse patamar que ele conseguia evoluir de forma sincera.

— Eu aceito — ele respondeu ao padre, e me fitou com os olhos cobertos de lágrimas emocionadas.

— E você, Gabriela, aceita Thomas Becker como seu legítimo esposo?

— Aceito — falei, ainda mais firme.

— Então, podem se beijar.

Já beijei Thomas inúmeras vezes em todos aqueles anos juntos, mas nenhum beijo foi tão esperado quanto este. Ouvir que ele era meu legítimo esposo, deixava minhas pernas bambas, mas saber que ele era o homem que me fazia um pouco mais feliz, deixava-me ainda mais.

Eu aprendi que a felicidade e harmonia em uma relação, permitia que você pudesse estar feliz e harmoniosa na sua vida pessoal também. Não era como se o relacionamento te garantisse uma onda incansável de felicidade, mas quando ele não ia bem, era natural que sua vida também não fosse. Por isso, agradecia por ter alguém comigo que me mostrava diariamente como ser feliz amando era ainda melhor do que ser apenas feliz.

— Você está deslumbrante neste vestido, ainda lembro do dia que você me mostrou pela primeira vez. — ele sussurrou em meu ouvido, enquanto fazíamos a dança dos noivos.

— Como te mostrei? — Ergui as sobrancelhas.

— Na cafeteria da Lincoln há 5 anos atrás quando éramos apenas amigos, e eu sempre soube que era assim que eu iria te ver no momento que nos casássemos.

Existia uma passagem na Bíblia que dizia "o amor é paciente, é benigno, tudo suporta, tudo crê e tudo espera". **E dei-me conta de que quando existia amor, existia — principalmente — força de vontade para lutar por quem se amava.**

Observei meus convidados e meus olhos logo encontraram os de Isabella, que sorriu para mim com sua expressão satisfeita. Sentia-me grata por saber que minha amiga, que achava que não daria certo com ninguém, estava namorando há alguns anos com a única pessoa que foi capaz de quebrar aquele coração de pedra, e que sempre esteve debaixo do nosso nariz. Dar uma chance ao amor era lembrar que, muitas vezes, estávamos cegos sem se dar conta de que a pessoa certa não era a pessoa que queremos obcessivamente, e sim, a pessoa leve que nos permitia amar e ser amado sem que a dor te consumisse.

Continua...

Carta ao leitor

Até onde você iria por amor? O quanto você esperaria por alguém? Me fiz essa pergunta diversas vezes nos últimos três anos. Foram anos sabáticos na minha vida amorosa. Depois de emendar um tratamento de câncer com uma pandemia, eu pensei que o amor tinha sumido da minha vida. Confesso que foi difícil encarar a carência. Por vezes, quase caí em tentação e procurei quem eu não deveria.

Mas, o mais importante nesse tempo inteiro, foi que eu entendi que não devemos nos blindar para o amor. Nunca, jamais. Mesmo que algumas pessoas já tenham nos decepcionado. Temos que sempre dar uma chance ao amor e parar de ficar obcecada por alguém só para satisfazer nosso ego. A pessoa certa está destinada a nós, é nisso que eu acredito. Mas, algumas vezes, estamos estancados em alguém que, além de prender nossa energia, nos impede de viver nosso amor real.

Eu sei que já fui muito obcecada por alguns amores. Ao ponto de viver minha vida esperando que eles voltassem para mim. Hoje eu vejo a vida mais como Thomas. Ele amava Gabriela e nunca deixou de amar, mas nunca parou sua história para esperar por ela. Já Isabella, vivia fissurada por Thomas sem perceber que o amor acontece de outra forma.

Se você precisa forçar o outro a te amar, isso não é amor. O amor é leve, é fluido, é tranquilo. O amor precisa de tempo para amadurecer, precisa de dedicação para acontecer. Não fiquem obcecadas por alguém, isso não é amor. E, principalmente, não deixem de viver a vida de vocês esperando que o amor seja uma busca. O amor é um encontro. Por isso, saia, viaje, se dedique a você. Quando menos esperar o amor vai surgir. Ninguém está atrasado na vida por não estar namorando, a pessoa certa para você está nesse momento vivendo a vida. Por isso viva a sua também.

Agradecimentos

Em todos os livros faço um vasto agradecimento as pessoas que contribuíram com a trajetória da minha escrita, mas hoje, farei diferente, vou contar um pouco do meu processo interno.

Eu queria escrever essa história falando da vida de um paciente oncológico — tal qual foi minha vida — mas eu não estava preparada para isso. Eu sentia que tinha uma dívida com a doença e precisava escrever um romance de alguém que tivesse tido a doença, encontrou um amor e ficou vivo. No meio do caminho, percebi que eu não tinha cabeça para escrever sobre nada daquilo. Eu ainda estava vivenciando o meu luto pós câncer.

Me frustrei dezenas de vezes. Apaguei e recomecei a história outras tantas. Por fim, aceitei que não era a hora. Eu aprendi a me respeitar e enxergar que tudo nessa vida é uma fase. Ás vezes, nós não enxergamos em qual fase estamos. Achamos que éramos melhores antes ou que teremos que ser melhores do que antes. Uma cobrança interna desnecessária.

E então, revendo fotos antigas, encontrei meu álbum do intercâmbio. Morei na Nova Zelândia em 2011 e essa foi, sem dúvidas, a melhor fase da minha vida. Quando morei lá, vivi um relacionamento abusivo, seguido de um amor sereno de um colega de turma. Fui do céu ao inferno em poucos meses. E aí eu comecei a desenhar a história do meu casal protagonista. Gabriela e Thomas são a junção da Duda de antes da doença e a Duda de depois da doença. Cada um é uma fase do que vivi.

E então quando comecei a escrever. Lá para o meio do livro, eu tive a brilhante ideia de trazer Freddy. Um personagem que fez um tratamento oncológico e estava retomando a vida. Não desenvolvi Freddy tão bem, pois eu sei que ele vai ser protagonista de uma futura história minha. E, então, vivi um duelo entre: e se eu não falar disso agora e não estiver aqui para escrever depois? Isso é um dos traumas que o câncer me deixou. Eu não procrastino mais, pois tenho medo de a qualquer momento tudo mudar e eu não estar mais aqui.

E foi ai que, durante uma sessão na terapia, percebi que não podia viver minha vida querendo resolver tudo imediatamente. Eu posso e devo criar planos. Eu posso ter livros com continuações, porque eu estarei aqui para escrever eles.

E é assim que eu me agradeço, por ter tido a coragem de aceitar e respeitar meu processo. Em breve vocês irão ler mais sobre a vida dos moradores de New Plymouth. Seja da Isabella, Jéssica, Virginia, Matt, George ou Freddy. Pois eu estarei viva e com saúde para escrever todas elas.

Obrigada também a Deus, Santa Dulce e minha doadora, por terem me dado a oportunidade da minha segunda chance. Doem vida, doem medula, doem sangue. Se doando, você ajuda a construir uma nova história.

Obrigada aos meus pais, Vania Bandeira e Eduardo Riedel. O último ano foi difícil para a gente. Eu costumo dizer que, depois da tempestade, não vem direto o arco-íris, normalmente vem uma limpeza para que a vida seja mais doce. Vivemos momentos de incertezas, dúvidas, mas sempre com muito amor. Obrigada por acompanharem minha vida, por se dedicarem tanto a mim e por serem meu maior exemplo de força.

A minha afilhada Maria Thereza, eu agradeço por todos os sorrisos e gargalhadas que me ajudavam a encarar os dias cansativos e exaustivos de trabalho. As minhas irmãs Sarah, Nathália e Mirna, o meu muito obrigada por serem mulheres tão fortes e com histórias de vida tão maravilhosas.

A minha melhor amiga e parceira de trabalho, Bárbara Costa, obrigada por todo o incentivo e cuidado comigo. Amiga, você organiza minha agenda, cronograma e ainda aguenta meus dramas. Você é maravilhosa!

Por fim, mas não menos importante, aos meus médicos Dr. Nelson, Dra Juliana, Dra Jade, Dra Lucila e Dra Mariana, e também a toda a equipe de saúde eu gostaria de dedicar todo meu amor. O esforço de vocês em me curar, me deu uma nova vida para eu realizar todos os meus sonhos.

E, para não perder o costume, recomeçar dói, mas é necessário. Que a cada recomeço, eu me redescubra.

Esta é uma obra de ficção. Nomes, personagens, lugares e acontecimentos descritos são produtos da imaginação da autora. Qualquer semelhança com a realidade é mera coincidência. Nenhuma parte desse livro pode ser utilizada ou reproduzida sob quaisquer meios existentes - tangíveis ou intangíveis - sem prévia autorização da autora. A violação dos direitos autorais é crime estabelecido na lei nº 9.610/98, punido pelo artigo 184 do código penal.

Uma chance ao Amor © Duda Riedel 04/2022

EDIÇÃO E REVISÃO Beatriz Cortes
IMAGENS CAPA Depositphotos
CAPA L.A. Creative
PROJETO GRÁFICO E DIAGRAMAÇÃO April Kores
FINALIZAÇÃO Luís Otávio Ferreira
COORDENAÇÃO EDITORIAL Lucas Maroca de Castro

Dados Internacionais de Catalogação na Publicação (CIP) de acordo com ISBD

R549c   Riedel, Duda
Uma chance ao Amor / Duda Riedel. -
Belo Horizonte, MG : Crivo Editorial, 2022.
224 p. ; 15,5cm ; 22,5cm.
ISBN: 978-65-89032-37-3

1. Literatura brasileira. 2. Relacionamentos.
3. Autoestima. 4. Romance. I. Título.

2022-1147   CDD 869.89923   CDU 821.134.3(81)-31

Elaborado por Vagner Rodolfo da Silva - CRB-8/9410

Índice para catálogo sistemático:
1. Literatura brasileira : Romance 869.89923
2. Literatura brasileira : Romance 821.134.3(81)-31

CRIVO EDITORIAL
Rua Fernandes Tourinho, 602, sala 502
30.112-000 – Funcionários – Belo Horizonte – MG

🌐 crivoeditorial.com.br   📷 instagram.com/crivoeditorial
✉ contato@crivoeditorial.com.br   🛒 crivo-editorial.lojaintegrada.com.br
ⓕ facebook.com/crivoeditorial